MotoGP 最速ライダーの肖像

西村 章
Nishimura Akira

a pilot of wisdom

はじめに

ＭｏｔｏＧＰの現地取材を開始してそろそろ20年になる。

3月の中東カタールを皮切りに南北アメリカ大陸を経て、春から秋は欧州を転戦、晩秋に日本、東南アジア、オーストラリアを巡る――、と地球を一周しながらこの世界最高峰の二輪ロードレース競技は各国各地のサーキットで年間約20戦を競う。その本場は、かつて〈コンチネンタルサーカス〉といわれたように、やはり欧州大陸である。

毎年ほぼ判で押したように、同じ時期に同じ国の同じ地域に滞在する。

4月下旬はスペイン最南端アンダルシア地方のヘレスサーキット、2週間後の5月中旬にはフランス中央部ロワール地方のル・マン、次はイタリアのフィレンツェから山間部へ入ったトスカーナ地方のムジェロで陽光の眩《まぶ》しい初夏を迎え、そしてふたたびスペインに戻って、乾いた空気のなか強い日射《ひざ》しが照りつけるカタルーニャ地方のバルセロナ、それが終わると今度は、夏至の時期とは思えないほど冷えて天候も不安定なオランダのアッセン……と、レースカレンダーに合わせて各地を訪れる関係上、自分のなかで各地のイメージはその季節感に沿った体感的な記憶として蓄積されている。

それらの記憶はまた、毎年20万人以上もの大観衆を動員するヘレスや、大伽藍《だいがらん》を思わせるピットビルディングの偉容が重厚な風格を滲《にじ》ませるル・マン、そして、100年近く連綿と続くレースの歴史をいまに継承しながら全国民レベルのイベントとして親しまれているアッセンの伝統等々、各地の風俗とも相俟《あいま》って醸成されている。

レース翌日の月曜朝、前夜遅くにサーキットから定宿に戻って夜中まで原稿を書き続けた睡眠不足の状態で朝食を摂《と》りに食堂へ行くと、テレビのニュースがスポーツコーナートップで前日のレース結果をレポートしている。新聞を開けば、スポーツ欄ではサッカーと同等か、あるいはそれよりも大きなスペースでレース結果を報じている。

東南アジア諸国でも、近年ではこの本場欧州諸国に似た、あるいは熱狂度ではそれ以上といってもいいほどの盛り上がりを見せている。マレーシアGPは毎年、日本でいえば晩秋の季節にレースが開催されるが、赤道直下という土地柄、2月も10月も関係なくうだるように暑い。そんなマレーシアのクアラルンプール国際空港近くにあるセパンサーキットは、とくにこの10年ほどは年々観客動員数が増え、いまでは17万人を集客する。

東南アジア諸国からは、Ｍｏｔｏ２、Ｍｏｔｏ３という登竜門クラスへ参戦する選手が増加していることもあって、中小排気量カテゴリーに対する親近感が強い。それだけに、レースが行われる日曜は、Ｍｏｔｏ３、Ｍｏｔｏ２の身近なカテゴリーの決勝を経て、最高峰のＭｏｔｏＧＰクラスのレースが始まる時刻になると、会場全体がまるで熱にうかされたような雰囲気になる。

たとえばこんなこともあった。レース数日後に帰国するためタイのバンコクから空港までタクシーに乗った際、運転手が訛《なま》りの強いかたことの英語でＭｏｔｏＧＰについて熱心に話しかけてきた。しかも、スマートフォンで撮影したライダーの写真を自慢げに見せる。相づちを打ちながら、内心ではこの国での広範かつ熱烈な人気に驚いた記憶がある。

一事が万事こんな具合に、欧州各地の伝統や格式、東南アジア諸国の狂熱を目の当たりにすると、ＭｏｔｏＧＰはオートバイレース世界一決定戦という興行の枠を超えて、何か〈ハレ〉の祝祭場のようなものとして作用しているのではないか、とも思えてくる。

ともあれ、毎年この時期はだいたいいつもこの国のこの地方に滞在している、という体感上のリズムのようなものが自分のなかで長年かけてできあがると、各土地の風俗やレース人気と分かちがたく結びついた〈シーズンカレンダーの体内時計〉が形成される。

その〈体内時計〉が、２０２０年はまったく狂ってしまう羽目になった。

新型コロナウイルス感染症が世界に蔓延《まんえん》する影響で、他のスポーツと同様にＭｏｔｏＧＰも開催のめどが立たない状況に至り、渡欧どころかそもそも地球規模で人の動きがぱたりと途絶える事態になった。とくに自分の場合、自己免疫疾患という面倒な病気を抱えていることもあり、東京都武蔵野市の自宅から出ることもままならない日々が続いた。

先の見とおしがまったく立たないままのあるとき、長年寄稿させてもらっている集英社「スポルティーバ」編集部から、21世紀のＭｏｔｏＧＰ歴代チャンピオンや名選手たちに関するコラムを週１回更新で連載しないか、という提案をいただいた。

最初にこの企画案を聞いたときは、正直なところ、躊躇《ちゅうちょ》のほうが勝った。世界で誰よりも優れたライダーとして頂点に君臨してきた選手たちについて、未熟な観察力で稚拙な評言を下すなど倨傲《きょごう》もはなはだしい、と思えたからだ。

しかし、試しに少し準備作業をしてみると、約20年に及ぶ日々の取材でジャーナリストとして彼らと直接にことばを交わし、喜怒哀楽の感情を至近距離で目の当たりにしてきたことで、アウトプットしてしかるべき蓄積がそれなりにあることに気づいた。じっさいに連載をスタートしてみると、自分でも意外なくらいさまざまなエピソードを思い出し、愉《たの》しみながら書き進めてゆくことができた。そして、思い出すといえば、ある選手について書いてゆきながら、そもそも自分はなぜ欧州を転戦取材しようと考えるに至ったのか、という記憶を呼びさますことにもなった。その詳細は、第10章をお読みいただきたい。

欧州諸国と比べるとスポーツとして二輪ロードレースの認知度が低い日本では、ともすればライダーたちに関する情報は間接的で断片的なものになりがちだ。だが、類型的で表面的な人物理解では、そこからこぼれ落ちるものはあまりに多い。

ここで紹介するライダーたちは、時速350kmの世界でむき出しの五感を研ぎ澄ませ、0・001秒のタイム差を競う超人的な人物ばかりだが、その姿を、できるかぎり人間くさい実像の世界へ引き寄せる努力をしたつもりだ。だが、あるいはだからこそ、そこで浮き彫りになる姿はやはり、常人の域を遥《はる》かに超えたレベルのものであるかもしれない。

本書を読み終えたときにあなたが、世の中のあらゆるロードレーサーたちに対して驚愕《きょうがく》と親近感と尊敬と、そしてこの競技に対する愛情を少し持っていただけているのであれば、これに勝る喜びはありません。

愉しくお読みいただければ幸いです。

MotoGP年間ランキング
（2001年のみ2ストローク500cc）

	1位	2位	3位
2001 ▶	V·ロッシ Ⓗ	M·ビアッジ Ⓨ	L·カピロッシ Ⓗ
2002 ▶	V·ロッシ Ⓗ	M·ビアッジ Ⓨ	宇川 徹 Ⓗ
2003 ▶	V·ロッシ Ⓗ	S·ジベルナウ Ⓗ	M·ビアッジ Ⓗ
2004 ▶	V·ロッシ Ⓨ	S·ジベルナウ Ⓗ	M·ビアッジ Ⓗ
2005 ▶	V·ロッシ Ⓨ	M·メランドリ Ⓗ	N·ヘイデン Ⓗ
2006 ▶	N·ヘイデン Ⓗ	V·ロッシ Ⓨ	L·カピロッシ Ⓓ
2007 ▶	C·ストーナー Ⓓ	D·ペドロサ Ⓗ	V·ロッシ Ⓨ
2008 ▶	V·ロッシ Ⓨ	C·ストーナー Ⓓ	D·ペドロサ Ⓗ
2009 ▶	V·ロッシ Ⓨ	J·ロレンソ Ⓨ	D·ペドロサ Ⓗ
2010 ▶	J·ロレンソ Ⓨ	D·ペドロサ Ⓗ	V·ロッシ Ⓨ
2011 ▶	C·ストーナー Ⓗ	J·ロレンソ Ⓨ	A·ドヴィツィオーゾ Ⓗ
2012 ▶	J·ロレンソ Ⓨ	D·ペドロサ Ⓗ	C·ストーナー Ⓗ
2013 ▶	M·マルケス Ⓗ	J·ロレンソ Ⓨ	D·ペドロサ Ⓗ
2014 ▶	M·マルケス Ⓗ	V·ロッシ Ⓨ	J·ロレンソ Ⓨ
2015 ▶	J·ロレンソ Ⓨ	V·ロッシ Ⓨ	M·マルケス Ⓗ
2016 ▶	M·マルケス Ⓗ	V·ロッシ Ⓨ	J·ロレンソ Ⓨ
2017 ▶	M·マルケス Ⓗ	A·ドヴィツィオーゾ Ⓓ	M·ヴィニャーレス Ⓨ
2018 ▶	M·マルケス Ⓗ	A·ドヴィツィオーゾ Ⓓ	V·ロッシ Ⓨ
2019 ▶	M·マルケス Ⓗ	A·ドヴィツィオーゾ Ⓓ	M·ヴィニャーレス Ⓨ
2020 ▶	J·ミル Ⓢ	F·モルビデッリ Ⓨ	A·リンス Ⓢ

Ⓗ：ホンダ　Ⓨ：ヤマハ　Ⓓ：ドゥカティ　Ⓢ：スズキ　▒▒ は本書に登場する選手

MotoGP
ポイント
システム

1位	▶ 25ポイント
2位	▶ 20ポイント
3位	▶ 16ポイント
4位	▶ 13ポイント
5位	▶ 11ポイント
6位	▶ 10ポイント
7位	▶ 9ポイント
8位	▶ 8ポイント
9位	▶ 7ポイント
10位	▶ 6ポイント
11位	▶ 5ポイント
12位	▶ 4ポイント
13位	▶ 3ポイント
14位	▶ 2ポイント
15位	▶ 1ポイント

【MotoGPクラス】

4ストロークエンジンへ変更になった2002年以降、2006年まで990cc、2007年から11年まで800cc、2012年以降は1000ccで争われている。


【中排気量クラス】

2ストローク250ccから、2010年に4ストロークのホンダ製600ccエンジンに技術仕様を変更し、Moto2にクラス名を改称。2019年からトライアンフ製765ccエンジンへ変更になった。


【小排気量クラス】

2012年に2ストローク125ccから4ストローク250ccへ変更し、Moto3に改称。

目次

写真／竹内秀信
図版作成／海野 智
章扉デザイン・図版レイアウト／MOTHER

第1章 バレンティーノ・ロッシ

Valentino Rossi

1979年2月16日生まれ、イタリア・ウルビーノ出身。1996年にロードレース世界選手権の125ccクラスにデビュー、同年第11戦チェコGPで初優勝、翌97年にタイトルを獲得。98年に250ccクラスへステップアップし、99年に同クラス王者。2000年に最高峰の500ccクラスへ昇格してランキング2位、01年に王座を獲得。MotoGP元年の2002年から05年まで連覇し、08年と09年もチャンピオンを獲得。通算9回の世界タイトルを獲得し、デビューから四半世紀を経ていまも現役を続けるスーパースター。

〈ろっしふみ〉と名乗るほどの阿部典史《のりふみ》ファン

バレンティーノ・ロッシに関することはすでにほとんど語られ尽くしている、といっても過言ではない。

二輪ロードレースがけっしてメジャースポーツとはいえないこの日本ですら、ロッシに関する書籍は拙訳の自叙伝などを含め、すでに5冊ほどが刊行されている。現役活動中の選手に関する日本語書籍が何冊も刊行されるのは、少なくともこの30年ほどなかったことだし、今後もそんな選手が登場することはおそらくないだろう。驚かされるのは、彼に対する世界規模のそんな注目が、四半世紀にわたってずっと継続している、という事実だ。

ロッシが世界選手権125ccクラスにデビューしたのは1996年、17歳のときだ。愛くるしい顔立ちと才能きらめく走りで一躍人気者になり、翌年に15戦中11勝を挙げてタイトルを獲得した。1998年には250ccクラスにステップアップして、このクラスでも次の年に王座を手中に収めた。デビュー直後の4年間の経歴を見るだけでも、彼のずば抜けた学習能力と抽《ぬき》んでた資質がよくわかる。

また、この当時すでにロッシは、優勝後のウィニングランの際にコミカルで洒脱《しやだつ》なパフォーマンスを披露することが話題を集め、世界じゅうのレースファンに愛される人気者になっていた。日本でも、ロッシはレースファンのあいだではアイドルスター的存在だった。

彼がデビューした1990年代中葉の125ccクラスといえば、坂田和人《かずと》や上田昇、青木治親《はるちか》たち日本人選手が毎戦優勝争いを繰り広げていた時代だ。ロッシが彼らの後ろをついて回り、積極的に教えを請う姿は、活字メディアや映像メディアでよく取り上げられた。250ccクラスに昇格すると、所属先のアプリリアファクトリーチームには、1993年のチャンピオンライダー・原田哲也というイタリア人も一目置くカミソリのような天才がいた。また、日本GPのときに青木宣篤《のぶあつ》・拓磨《たくま》・治親三兄弟の実家に宿泊したことも、ファンのあいだではよく知られたエピソードだ。

このように、ロッシはグランプリの世界にデビューして間もない頃から、当時の日本人トップライダーたちと濃密な関係を築き上げていた。なかでも影響を公言して憚《はばか》らないのが、阿部典史だ。阿部が世界グランプリにデビューした1994年の日本GP500ccクラスの決勝レースは、当時中学生だったロッシ少年に大きな衝撃を与えた。鈴鹿サーキットで行われたこのレースは、イタリアの自宅で観戦していたという。

このとき18歳の阿部は、当然ながら世界的にはまったく無名の存在だった。だが、一戦かぎりのワイルドカード参戦にもかかわらず、ケビン・シュワンツやミック・ドゥーハンを相手に互角以上の優勝争いを繰り広げた。阿部は激しいバトルの最中、ラスト3周の1コーナーで転倒し、あまりにあっけない幕切れがさらに強烈な印象を残すのだが、このレースを日本から遠く離れたイタリアのテレビ中継で観《み》ていたロッシ少年は、以後数ヶ月のあいだ、ビデオ録画したこのレース映像を来る日も来る日も見続けた、と後年に自叙伝で明かしている。

そして自らがグランプリライダーとしてデビューした際に、ロッシは阿部のファンであると話し、阿部の名前になぞらえて自らを〈ろっしふみ〉と名乗るほどの敬意を示した。

このように日本人選手たちと親しい関係を築いていたこともあって、ロッシは当時から日本のロードレースファンのあいだでは非常に近しい存在だった。

イタリアの先輩ビアッジとの確執

一方、ロッシと同じイタリア人で、この当時に大きな人気を誇っていたのが、マックス・ビアッジだ。ロッシとビアッジの関係が非常に険悪になり、ふたりの確執が表面化しはじめたのも、ちょうどこの時期だ。

1994年から97年まで中排気量クラスを4連覇し、98年に最高峰500ccクラスに鳴り物入りで昇格してきたビアッジは、その年の開幕戦鈴鹿で鮮やかなポール・トゥ・フィニッシュを達成して世界じゅうを唸《うな》らせた。スーパースターの地位を約束されていたはずのビアッジだが、じつは1997年に、当時125ccクラスの人気者だった後輩格のロッシとささいなことで舌戦になり、それがきっかけになって一部で人気に翳《かげ》りがさしはじめた。

ふたりの確執にはさまざまな要素があるが、この事件以降、欧州の一部メディアでは、ロッシをベビーフェイス、ビアッジをヒールのような位置づけで扱う傾向が顕著になっていった。これは、対立を面白おかしく煽《あお》りたてる報道姿勢もさることながら、ロッシがこの時代からすでに人々の心理を巧みに操って自分の味方につける術《すべ》を身につけていたことの証《あかし》、ともいえるだろう。

125ccと250ccの両クラスを制覇し、メディアやファンからの熱い注目を一身に集めてスーパースターへの階段を駆け上がりつつあるロッシが、ホンダから最高峰の500ccクラスへ昇格したのは20世紀最後の年、2000年だった。

5年連続でタイトルを制して無敵にも見えていたミック・ドゥーハンが、前年第3戦スペインGPで負傷し、その年かぎりで引退することになったため、ロッシはドゥーハンのクルーチーフだったジェレミー・バージェス以下のスタッフを引き継ぐ形になり、破格の待遇でデビューを果たした。ただし、所属はファクトリーチームのレプソル・ホンダではなく、小中排気量時代からロッシを支えてきたイタリアのビールブランドがタイトルスポンサーとなり、ナストロアズーロ・ホンダ、というチーム名称になった。

まさに世界じゅうの注目が集まったデビューイヤーだった。結果は、全16戦中2勝で、年間ランキングは2位。後年ロッシは、この年の走りについて「500ccの初年度は学習の年、という姿勢で臨んだために、それなりの結果になった。むしろ、タイトルを獲得するつもりで戦うべきだったし、そうすれば王座も充分に狙えていた」と振り返っている。バージェスも同様の回顧をしている。

2001年は2ストローク500cc最後のシーズンで、翌02年からは4ストローク990ccへマシンの技術仕様が変更になる。つまり、21世紀最初の年は、伝統の500ccクラスでチャンピオンを狙うラストチャンスのシーズン、というわけだ。

ロッシは125ccと250ccの各クラスでそれぞれ参戦2年目にタイトルを獲得してきた。500ccクラスでも当然、それを踏襲するだろうと期待された。

ホンダＷＧＰ初勝利は1961年開幕戦４月23日、スペインＧＰ125ccクラスでトム・フィリスが達成した。ロッシによる通算500勝目達成はその40年後、2001年４月８日。

選ばれし者の強運とスター性

この年の開幕戦は日本ＧＰ・鈴鹿サーキットで、ホンダのマシンが１２５cc、２５０cc、５００ccの全クラスで優勝すれば、グランプリ通算５００勝を達成するという大きな記録のかかった一戦でもあった。偶然とはいえ、そんな節目に巡り合わせる運を持っているのが、ロッシの華やかなスター性をよく象徴している。

　だが、ロッシがそれを実現するには、１２５ccと２５０ccでホンダライダーが優勝しなければならない。１２５ccクラスでは、東《あずま》雅雄《まさお》が２位以下を僅差で抑えて優勝した。「レース前は、プレッシャーで吐きそうなくらい緊張した」と東はレース後に述べ、引きつったような笑みを泛《う》かべた。250ccクラスのレースは、加藤大治郎《だいじろう》が独走で優勝した。

そして、すべてのお膳立てが整ったところで、満を持してロッシが登場し、500ccクラスの決勝で優勝を飾り、ホンダ500勝の栄冠というスポットライトを独り占めにした。

この当時のロッシは、そういう華々しいものをすべて自分のもとへ引き寄せてしまう磁力のような強運と魅力とオーラを、すべて備えていた。

マシンとレザースーツはイエローを基調にした派手な配色で、他の選手たちと一線を画するファッショナブルなセンスが特徴的だった。バイクを乗り降りする際も後方へ脚を回してシートを跨《また》ぐのではなく、脚を軽やかに前へ振りあげて燃料タンクの上から跨がるスタイルなど、一挙手一投足のいちいちが際立って洗練され、絵になっていた。

そしてまた、このときの鈴鹿開幕戦では、ビアッジとの確執がさらに深くなるできごとも発生した。当時のビアッジはマルボロ・ヤマハのエースライダーで、マシンやレザースーツはスポンサーカラーの赤だった。一方のロッシは派手なイエロー。そんなふたりがコース上で絡みあうと、否が応でも目につく。

レース中盤、最終コーナーの立ち上がりでビアッジとロッシがサイドバイサイドで横並びになった。このとき、ビアッジがアウト側にいたロッシを左肘で押しのけるような動作をし、ロッシのマシンはダートへ押し出されて土埃《つちぼこり》が上がった。あわや、と思わせる一瞬だ。が、幸いロッシは転倒に至らずコース上へ復帰。そして、ホームストレートでビアッジの前へ出ると、1コーナー手前で中指を突き立てて怒りをあらわにした。その14年後の秋にも、ロッシはある会場でバトルの最中に感情的に中指を突き立てる動作を行うが、そのできごとについては後段で詳述する。

ところで、私事になるが、ロッシに初めて長時間のインタビューをしたのが、たしかこの2001年シーズンだったように記憶している。さまざまな質問をしていくなかで趣味や嗜好《しこう》などにも話題が及び、好きな色、ラッキーカラーは黄色だというロッシに、では嫌いな色は、と話の流れで尋ねた。すると「赤」と即答し、妙にすました表情で口を閉じた。おそらく、言外にビアッジを示唆していたのだろう。

このシーズン、ロッシは16戦中11勝を挙げ、大方の予測どおり2ストローク500ccクラス最後の世界チャンピオンという栄誉を手中に収めた。

翌年から二輪ロードレース世界最高峰の技術規則は一新され、4ストローク990ccのMotoGP時代を迎える。時代の節目を跨いでロッシの破竹の快進撃はなおも続き、彼のカリスマとスター性はさらに上のステージへ昇華されてゆくことになる。

老若男女に愛されるアイドルスターの愛嬌《あいきょう》は、年を重ねるにつれ、ロックミュージシャンのカリスマ性へと進化していった。しかも、卓越したライディングセンスと、年齢に似合わない老練な駆け引きは、目の肥えた玄人ファンたちも唸らせた。

「天才」「スーパースター」という呼称を恣《ほしいまま》にするロッシは、イタリアではローマ法王の次に有名な人物、という喩《たと》えが一時期よく用いられた。イタリアへ行ってみると、このことばは誇張でも何でもなく「単なる事実の描写」にすぎないことがよくわかる。

ホンダと決裂し、ヤマハへ移籍

2ストローク500cc最後のシーズンにチャンピオンを獲得した翌02年に、4ストローク990ccのMotoGP時代が幕を開けた。圧倒的な性能で他陣営を凌駕《りようが》するホンダRC211Vとスーパースター・ロッシのコンビネーションは、本当に無敵に見えた。

開幕戦日本GPは当然のように優勝。第2戦こそ2位で終えたが、第3戦以降は連戦連勝を続けた。破竹の快進撃で前半戦を終え、後半戦もその勢いは続くかに見えたが、夏休み明けの初戦となったチェコGPでは、運悪く決勝中のタイヤトラブルにより、リタイア。

しかし、次戦以後はあっさりとリズムを取り戻し、戦い終えてみればまたしても16戦11勝を挙げ連覇を達成した。

ところが、翌2003年はホンダとの残留交渉が決裂し、シーズン終盤にヤマハへの移籍が決定する。

当時のヤマハは、1992年のウェイン・レイニー以降、10年ものあいだチャンピオン争いから遠ざかっていた。しかも、エースだったマックス・ビアッジは、2003年にホンダのサテライトチームへ移籍。開発面でマシンの方向性を示すことのできるライダーがいないこともあって、ヤマハYZR-M1は明らかにホンダRC211Vに劣っていた。

2003年の表彰台獲得回数を見てみると、全16戦48表彰台のうちヤマハが獲得したのは3位が1回のみ。この惨憺《さんたん》たる結果が、当時の彼らの戦力をよく物語っている。

そんな弱小陣営だったヤマハへ、ロッシはクルーチーフのジェレミー・バージェス以下、スタッフ一同を引き連れて移籍した。彼らを受け入れるヤマハ側は、新たにマシン開発の陣頭指揮を執ることになった古沢政生《まさお》が技術スタッフの一新を図り、社内から希望者を募るという型破りな方法を採った。

翌年1月にマレーシア・セパンサーキットで行われたプレシーズンテストが、ロッシのヤマハ初ライドになった。通常、選手が陣営を移籍する場合は、最終戦終了直後に新チームに合流してポストシーズンテストから参加するのが一般的だ。だが、厳密なことをいえば、選手は年内は移籍元メーカーとの契約が残っている。したがって、その期間に移籍予定先のチームでテストを行うと、規約に抵触することになる。とはいえ、移籍元チームにしても、自分たちのところへ移ってくる選手を受け入れるわけだから、新体制下でのポストシーズンテストをお目こぼしするのは、ある意味ではお互い様といっていい。

しかし、2004年のロッシ移籍に際しては、この慣行が通用しなかった。ホンダは2003年最終戦終了後の年内にロッシがヤマハでテストを行うことを、契約残存を盾に許容しなかった。長年ロッシとともに戦ってきたホンダの人々は、ライバルチームで早い時期からテストをされることがどれほどの脅威になるか、充分すぎるほど理解をしていた、ということだ。

メーカーが、契約を盾にライダーの移籍先テスト実施を阻むような行為に出たのは、自分の記憶にあるかぎりでは、あとにもさきにも、このときのホンダだけだ。後年、ロッシがヤマハを去ってドゥカティに移籍するときにも、ヤマハが2003年のホンダのようにテスト禁止措置を執るのではないかという憶測が飛んだが、結局のところヤマハはドゥカティでのテストを禁止しなかった。

異例尽くしの開幕前テスト

シーズンオフにホンダがロッシに対して行ったテスト禁止措置も異例の対応だったが、この年の新年早々にマレーシア・セパンサーキットで行われたプレシーズンテストもなかなかに稀有《けう》なできごとだった。

通常のプレシーズンテストは、全メーカーが合同で、3日間ほどのスケジュールでテストを実施する。しかし、このときのヤマハは、ホンダ、スズキ、カワサキ、ドゥカティなどが3日間のテストを行った翌々日から、自分たちだけ日程を分離する形でファクトリーとサテライトの2チーム4選手のテストを行った。

この、ヤマハだけがサーキットを占有する形で実施するテストに際して、ヤマハ側は取材陣に事前申請を要求し、取材パスを発行することで会場に出入りするメディアを把握する、というコントロールを行った。また、選手とチームがテストを行っている時間は、取材陣のピットレーン立ち入りをいっさい禁止する、というものものしい厳戒態勢が敷かれた。

テスト実施時間中にはこのような厳しい取材制限を行う反面、一日の走行が終了した夕刻には、ロッシをはじめとする選手たちやチームマネージャー、技術部門トップの古沢たちがメディアセンターの記者会見場で質疑応答時間を設ける、という取材対応も取った。

　この当時、セパンで行う1月のプレシーズンテストはあくまでメーカーの自主的なプライベートテスト、という位置づけだった。各メーカーとライダーが自主的なテストを行っているサーキットへ、取材陣がなんとなくやってきて、なんとなくパドックやピットレーンをうろうろして選手や関係者の話を聞く。各メーカーやチームに場を提供するサーキット側も、取材陣に対して公式にサービスを供与するわけではないけれども、テストを実施している時間はなんとなくメディアセンターのドアが開いている――という、ある種暗黙の了解に近い、いわば「公然と行われる非公式テスト」状態だった。

　それが、この2004年にヤマハが行ったプレシーズンテストでは、制限付きながら公式にサーキットがサービスを提供し、メーカーとチームもメディアに対して現場で広報業務を行った。セパンのシーズン前プライベートテストがサーキット側によって公的に開かれるようになったのは、このヤマハ占有テストが契機になったと記憶している。ちなみに、現在のセパンテストはプライベートではなく公式テストという扱いになっている。

　前年までのセパンプレシーズンテストは、欧州から遠く離れた東南アジアのマレーシアという地理的条件もあって、取材に訪れるメディアの数はせいぜい十指に余る程度だった。しかし、ロッシが初めてヤマハのＭｏｔｏＧＰマシンで走行するこのテストでは、マレーシアの国内メディアも合わせればざっと１００名近くの取材陣が集まった。とにかくこのときのプレシーズンテストは、何もかもが初めて尽くし、異例尽くしの３日間だった。

この開幕前テストで、ロッシとヤマハは水準の高い走りを見せた。だが、この時期の彼らに対する評価は、「数年後にはチャンピオンを獲《と》るだろうが、まだしばらくのあいだは苦労を強いられるだろう」というものが多かったように思う。

ただ、開幕戦直前にスペインのカタルーニャサーキットで実施した公式テストでは、40分のタイムアタック合戦を行った際にロッシが最速タイムをマークし、景品のＢＭＷ・Ｚ４を獲得した。このとき、ライバル陣営やメディアのあいだに漂った「おや……」という雰囲気は、その後に起こることのまさしく予兆だったといえるだろう。

「二度とアイツを優勝させない」という誓い

その３週間後、２００４年シーズンは南アフリカのウェルコムサーキットで開幕した。

決勝レースは、宿敵マックス・ビアッジとの一騎打ちになった。全28周の激戦は、ロッ

2004年開幕戦。優勝後、バイクの傍らに座り肩を震わせる姿は感涙にむせぶように見えたがヘルメット内で大笑いしていたのだという。

ふたつのメーカーを跨がって王座を連覇したのは1988／89年のエディ・ローソン（ヤマハ／ホンダ）以来、15年ぶりの快挙となった。

シが僅差で抑えきり、ホンダからヤマハへの移籍後初レースを制する劇的な結果に終わった。

以後のレースでも優勝争いを続けたロッシは、シーズン16戦で9勝を挙げ、最終戦ひとつ手前の第15戦オーストラリアGPでチャンピオンを決めた際には、ウィニングランでまとった記念Tシャツの胸に〈Che Spettacolo!〉（超劇的、の意）という文字が大きく記されていた。そのことばが示すとおり、じつにドラマチックな一年だった。

そしてこの2004年はまた、後年のロッシを象徴するようなできごとがあったことでも、多くの人々の記憶に残っているシーズンだ。発端になったのは、この年が初開催になった第13戦カタールGPだ。

首都ドーハから車で30分ほど郊外へ走ったところにあるロサイルインターナショナルサーキットは、砂漠の真ん中に建設されている。この年は初めてのレース開催ということもあって、砂が吹きこんで埃が積もった路面の滑りやすさに皆が手こずった。

ロッシは予選8番手。MotoGPでは3台が一列に並ぶため、3列目からのスタートだ。このスターティンググリッド上で、ロッシのチームクルーが予選後にスクーターのタイヤを空転させ、ラバーを路面に付着させたことが問題になった。決勝レースでスタートを有利にするための工夫だったが、これに対してルール違反であるという抗議がホンダから提出された（ドゥカティもこの抗議に同調している）。レースディレクションはこの抗議を受理し、ロッシに対して予選タイムに6秒のペナルティを加算したため、レースは最後列からのスタートとなった（ちなみに、マックス・ビアッジも類似の行為を行ったためにロッシと同様の処罰を受けている）。

優勝はセテ・ジベルナウ。所属はホンダのサテライトチームだが、マシンはファクトリー体制で、この2年間、ロッシとトップ争いを続けてきたライダーだ。前年の2003年は4勝を挙げて、ランキング2位。2004年シーズンもロッシ相手にチャンピオン争いを繰り広げ、このカタールGPの勝利で4勝目となった。一方、最後列スタートを強いられたロッシは4番手まで追い上げたものの、転倒リタイアでノーポイントに終わった。

いつも熾烈《しれつ》な優勝争いを続けてきたふたりは、それまでは少なくとも表面上は実力を認めあい、互いに敬意を払う間柄だった。だが、このレースを境に彼らの関係は一変する。

ロッシは、スターティンググリッドを下げる原因になったホンダの抗議は、ジベルナウの密告があったからだ、と考えた。そして、「今後は二度とアイツを優勝させない」と誓ったという。

翌週の第14戦マレーシアGP事前記者会見には、ランキング首位のロッシと、前戦優勝のジベルナウがともに出席。この会見で、ロッシはジベルナウへの敵意を露骨に表した。醒《さ》めた微笑を泛かべてジベルナウと視線を交えようともしないロッシに対して、ジベルナウは自分はグリッド清掃の告げ口をしていないと釈明し、「バレンティーノは本当はいいヤツだとわかっているから」と述べて彼の拒絶姿勢に理解を示そうとさえした。

その対照的な態度には、彼らの人間としての業の深さの違いが表れているようにも見え

この会見で、ロッシはジベルナウ（左）と一度も視線を交わさなかった。冷房の効いたセパンサーキットの記者会見場は、室温以上に冷えびえとした空気が張り詰めた。

た。このときの記者会見場は居心地が悪くなるほど冷えた雰囲気だったが、後年にもロッシはセパンのこの会見場で、さらに場が凍りつくような発言を行う。11年後の２０１５年にマルク・マルケスとのあいだで発生する確執については、後段で詳述する。

ロッシのこの性格、つまり、ロックスターのように陽気な華やかさと、業の深い人間性は、じつは彼自身がもっともよく自覚している。その二面性を、太陽と月のモチーフに象徴させて、１２５cc時代からヘルメットなどのデザインに使用していることも、古いファンのあいだではよく知られた話だ。そして、その二面性を局面によって使いわけながら徹底的に勝ちに執着する姿勢が、他に類を見ない彼独特の性質であり、それこそがファンにとっては大きな魅力にもなっている。

「勝たせない」という誓いが現実に

ヤマハ2年目の2005年にも、この二面性がよく表れるできごとがあった。

この年の開幕戦は、スペイン南端のヘレスサーキットで行われた。決勝レースは、またしてもロッシとジベルナウの一騎打ちになり、最終ラップの最終コーナーには、ジベルナウ—ロッシの順で入っていった。

ロッシは後方からジベルナウのイン側を突く格好でコーナーへ進入したものの、減速しきらずに接触。その勢いでジベルナウはオーバーランして押し出される格好になった。コースへ復帰して2位でゴールしたものの、優勝のロッシからは8秒差がついていた。

ヘレスのこの最終コーナーは左へ小さく旋回する形状で、過去にも、そしてこの後年にも何度か類似の事態が発生している。だが、このときの接触が、過去や未来のできごとよりも大きな議論を呼んだのは、誰よりも勝利に執着するロッシの業の深さが透けて見えていたからだろう。

最終コーナーの追突もさることながら、バレンティーノ・ロッシという人物の狡智《こうち》な性格がよく表れたのは、その後の表彰式だ。選手たちは3位から順に名を呼ばれ、表彰台へ登壇する。ジベルナウが2位の壇上につき、次にロッシの名が呼ばれた。表彰台の最上壇に立つと、ロッシは少し低い位置にいるジベルナウに右手を差し出し、握手を求めた。

その顔には「お疲れさま、いいレースだったね」とでもいいたげな、屈託ない笑みが泛かんでいた。だが、無邪気にも見える表情の裏には、前年のカタールで「ヤツには二度と勝たせない」と誓った執念をこのような形で成功させてほくそ笑む心情もあっただろう。

ジベルナウは、ロッシが表彰台の上壇から差しのべてくる手を、拒絶もせず素直に握り返した。どのような形でも勝利に執着するロッシの強《こわ》い情念に比べて、ジベルナウのこの素直さはあまりに無垢《むく》にすぎる。

この表彰式の握手で、両者の優劣関係は決定的になったといってもいいかもしれない。じっさい、このレース以降にジベルナウは一度として勝利を挙げることができず、「二度とヤツには勝たせない」というロッシの呪いが現実になった格好でやがて第一線を退く。

余談になるが、このときから6年後の2011年に、このヘレスサーキットでロッシがその当時最大のライバルだったケーシー・ストーナーにオーバーテイクを仕掛けたものの、両者とも転倒を喫するできごとがあった。オーバーテイクに至る経緯は微妙に異なり、場所もこのときは最終コーナーではなく1コーナーだったが、このときのロッシはレース後にストーナーから痛烈な皮肉を浴びせられる。ジベルナウにマウンティングを成功させた表彰式から6年越しで、別の選手から意趣返しを受けた格好だ。このできごとはストーナーの章で詳述する。

ロッシにも世代交代の波が

この2005年についていえば、ロッシは11勝を挙げ、当然のようにチャンピオンを獲得した。ホンダからヤマハへメーカーを跨いで5年連続の王座に就き、しかもあれだけ勝てなかったヤマハを即座に最強チームへ立て直したロッシは、この当時まだ20代半ばにすぎなかったが、すでに〈生きる伝説〉といっていい存在になっていた。

2006年は、タイトルを決める最終戦バレンシアGPの決勝で転倒して自滅。ホンダのニッキー・ヘイデンに王座を奪われた。07年は、ケーシー・ストーナーが圧倒的なスピードを発揮して、ドゥカティに初のチャンピオンをもたらした。

そして08年は、250ccクラスから昇格してきたホルヘ・ロレンソがチームメイトになった。ヤマハファクトリーのエースの座を脅かしかねないロレンソが加入したことで、チームにはかつてないほどピリピリした緊迫感が漂った。

この2000年代後半、30歳に近づく時期になると、ロッシがチャンピオンを争う相手は年下の選手ばかりになっていた。思い返せば最高峰クラスに昇格した当時は、ライバルはすべて年上の選手たちだった。宿敵のマックス・ビアッジは8歳年上、セテ・ジベルナウも、ロッシより6歳ほど年長である。彼らと競いあった時代から数年が経過し、競争相手は皆、自分よりも6~7歳若い20代前半のストーナーやロレンソ、ダニ・ペドロサといった年下世代のライダーたちに代わっていた。

そんな年下世代を相手に戦った2008年は、ロッシ9勝、ストーナー6勝、ペドロサ2勝、ロレンソ1勝。厳しい争いを凌《しの》ぎきったロッシは、3年ぶりの王座奪取に成功し、翌2009年も連覇して、9度目の世界チャンピオンを獲得した。このとき、ロッシは30歳になっていた。

現代のアスリートにとって、30歳という年齢はけっして年老いた部類には入らない。だが、ヤマハのマシン開発を指揮してロッシから盤石の信頼を得る古沢は、「それでもやはり、若い頃とは違いますよ」と笑いながら述べた。

「ウチにやってきた当初のバレンティーノは、ヘルメットを脱ぐとすぐに、マシンの症状についてコメントを述べていました。でもいまは、ヘルメットを脱いで、ふう、とひと息ついて少し呼吸を整えてから、話しはじめますからね」

それでも、まだ30歳にすぎない。ロッシはきっと、これから先に何回もチャンピオンを獲得するはずだ。多くの人がそう考えた。

この時期、ヤマハ内部ではエースの座を巡ってロレンソとの緊張関係が年々高まっていた。ロッシには、ヤマハをここまで強くした立役者は自分である、という強い自負がある。一方で、ヤマハはロッシの次の時代を牽引《けんいん》する若い才能を必要としていた。2010年、そのロレンソが最高峰クラス3年目で初タイトルを獲得。ロッシはヤマハを去る決意を固めた。ホンダから移籍してきたときと同様に、バージェス以下のチームスタッフを従えて、ドゥカティへ移籍した。

イタリアメーカーのマシンにイタリア人選手が乗るという、完全イタリアンパッケージだ。しかもそのライダーがロッシとくれば、期待は否が応でも高まる。ホンダからヤマハへ移籍したときのような、劇的なドラマの再現を多くの人が期待した。

しかし、事態は2004年のときのようにはいかなかった。

ドゥカティで人生初の挫折

ドゥカティで過ごした2011年と12年は、バレンティーノ・ロッシにとっておそらく悪夢のような2年間だっただろう。

2000年の最高峰クラス昇格以降、チャンピオン獲得は7回、王座を逃したシーズンでも、ランキングは2位もしくは3位（いずれも2回）で終えている。そんな〈偉大なチャンピオン〉が、ドゥカティの2年間計35戦の表彰台獲得回数は、2位が2回、3位が1回のみ。年間ランキングは、11年が7位、12年は6位、という惨憺たるありさまだ。ロッシもドゥカティも、まさかここまでの不振に悩まされるとは思ってもいなかっただろう。

2007年にドゥカティへ初の世界タイトルをもたらしたケーシー・ストーナーは、タイトル獲得

ドゥカティのコーポレートカラーは赤一色だが、ロッシのみには彼のトレードマークである黄色も配置する〈特別待遇〉だった。

後の２００８年から10年までのあいだに13勝を挙げている。ストーナーは２０１１年にホンダファクトリーへ移籍し、開幕戦のカタールＧＰでいきなり優勝を飾った。以後のレースでも優勝争いを続け、秋にはこのシーズンのタイトルを獲得している。対照的に、この年にドゥカティへ移籍したロッシはマシンとの相性に苦しみ、思うような成績を挙げることができないレースが続いた。

ロッシのリクエストに応える形で、ドゥカティのゼネラルディレクター、フィリポ・プレツィオージはマシンにどんどん変更を加えていった。その結果、バイクはストーナー時代とはまったく別モノといっていい仕様に変わっていく。しかし、ドゥカティのＤＮＡともいわれる旋回性の悪さは、12年シーズンになっても改善の兆しがほとんどなかった。

窮したドゥカティ陣営はこの年の初夏、ヤマハを定年退職したばかりの古沢政生を自陣のアドバイザーに招聘《しょうへい》する、というアクロバティックな策を試みる。古沢が技術者として卓越した能力を備えていることは、あの弱かったヤマハをロッシとともに最強軍団へ立て直したことで証明済みだ。さらに、古沢とロッシは刎頸《ふんけい》の友として強固な信頼関係を築き上げている。その古沢がドゥカティへ来てくれれば、現状をハードウェアと人間関係の両面から打破する力になるだろう、というのがその狙いだった。

この話題は当初、ゴシップとしてパドック内で流布した。そこで、すでにヤマハを退いていた古沢に直接コンタクトを取って、ことの真偽を尋ねてみた。すると、プレッツィオージとイタリアで面会し、会食したことを、古沢は意外なほどあっさりと認めた。そして、古巣のヤマハ発動機へ仁義を貫き、そのライバルメーカーのレース部門に加わることは辞退した、とも述べた。

日本人なら、古沢の心情は素直に納得できるだろう。だが、もともと労働市場の流動性が高く雇用関係をドライに考える欧州の人々には、古沢の考えかたはなかなか理解が難しかったようだ。そこで、後日改めてアポイントを取って京都の自宅へ伺い、日本や欧州のレース関連メディアに、この一連の経緯をインタビュー記事として寄稿した。

これがけっこうな反響を呼び、パドックの一部では蜂の巣をつついたような騒ぎになった。というのも、2012年のこの時期はすでに、成績不振に辟易《へきえき》したロッシのドゥカティ離脱が水面下で囁《ささや》かれていたからで、ロッシを繋《つな》ぎ止めておきたいドゥカティにとって、古沢獲得作戦が失敗に終わったことは、最後の頼みの綱が切れてしまったこととほぼ同義だったからだ。一時は、サーキットのピットレーンでドゥカティのガレージ前を歩くたびに、中にいる彼らの視線がこちらの背中を刺すような、無言の圧力を感じることもあった。

ロッシの苦戦は続いていた。

ヤマハ復帰と、世代交代の波

前半戦を締めくくる7月末の第10戦、米国カリフォルニア州ラグナセカサーキットで開催されたUSGPの決勝を、ロッシは転倒リタイアで終えた。パドック内で撤収作業が続く夕刻、友人のイタリア人ジャーナリストから「どうやら、バレンティーノのヤマハ復帰が決まったようだ」という話を聞いた。そして3週間のサマーブレイクを経た後半戦の初戦、第11戦インディアナポリスGPで、ロッシのヤマハ移籍が正式に発表された。

古巣へ復帰した2013年、ロッシは34歳になっていた。この年は、宿敵となってゆくマルク・マルケスが、20歳という若さでホンダファクトリーチームへ昇格してきたシーズンでもあった。

きらめくような才能で多くの注目を集めるマルケスを、ロッシは高く評価した。日本風にいえばひとまわり以上も若い天才の擡頭《たいとう》を素直に認め、絶賛することさえ厭《いと》わなかった。

開幕前のマレーシア・セパンサーキットで行われたプレシーズンテストで、ロッシは毎日のようにマルケスについて尋ねられた。そのたびに笑顔で、「すごい才能だよ」「初年度からチャンピオン争いに加わってくるだろうし、きっと本人もそのつもりでいるはず」と手放しで褒めた。マルケスのほうもロッシについて聞かれると、「子供時代から憧れていたヒーローと一緒に走れるなんて、まるで夢のようだ」と、無邪気な憧憬の念を隠そうともしなかった。

シーズンが開幕し、ロッシはヤマハ復帰初戦のカタールGPで2位表彰台を獲得。その0・2秒後にマルケスがゴールして、最高峰クラスのデビュー戦を3位表彰台で飾った。ロッシは、第7戦オランダGPでヤマハ復帰後初優勝。健在ぶりをアピールした。この年は計6戦で表彰台に上がり、年間ランキングは4位。タイトルはマルケスが獲得した。

翌14年は、2勝を含む13表彰台でランキング2位。タイトルを獲得したのは、この年もマルケスだった。ヤマハに戻って本来の調子を取り戻しつつあるロッシと、レース界の記録を次々に更新してゆくマルケスの世代を超えた天才対決は、世界各地のサーキットを大いに盛り上げた。ランキング首位と2位、といっても、内容的にはマルケスが圧倒的な強さを見せて推移したシーズンだった。マルケスの総獲得ポイントは362。ロッシは295。マルケスの優勢はこの数字からも見てとれる。

ロッシとしては、マルケスと互角の勝負には至らなかったものの、ドゥカティ時代を味わっているだけに、本来の自分のレベルを取り戻しつつある手応えを摑《つか》んでいたはずだ。その安堵感《あんどかん》が、マルケスに対してあたかも若い頃の自分を見るようなスタンスで高評価を与える、余裕のある姿勢に繫がっていたのだろう。彼らが互いの才能に敬意を払い、エールを贈りあう姿は、まるで年の離れた仲の良い天才兄弟、といった趣もあった。

それにしても、過去にはライバルに対して常に敵愾心《てきがいしん》をあらわにし、あらゆる手段を弄して相手を潰してきたロッシが、これほどまでに手放しで〈仮想敵〉を賞賛するのはいままでになかったことだ。そんな彼らの関係に対して、ロッシを少年時代から取材してきたあるイタリア人ジャーナリストは、「いまは仲良く見えても、チャンピオンシップの直接のライバルになったときに、この蜜月は必ず終わる」と述べた。

11年前と同じ場所で、若きライバルを口撃

そして2015年、ロッシはヤマハ復帰3シーズン目でついに、タイトル奪還を射程範囲に収めた。サマーブレイクを経てシーズン後半戦になると、ランキングで首位に立ち、年若いライバルたちを相手に鎬《しのぎ》を削るレースが続いた。この戦いの激しさと比例して、表面上友好的に見えていたマルケスとの関係は緊張の度合いを高めてゆき、シーズン終盤に

は決定的な亀裂が入った。

きっかけになったのは、大詰めの第16戦オーストラリアGPだ。

シーズンはオーストラリア、マレーシア、バレンシアの3戦を残すのみ。首位のロッシがタイトルを争う直近の相手は、ランキング2位のホルヘ・ロレンソのみで、3番手のマルケスはすでにチャンピオン獲得の可能性がなくなっていた。

決勝レースは、彼ら3名を含む4台のバイクが最後まで入り乱れる大接戦になった。

優勝はマルケス。レースをリードしていたロレンソに対して終盤に勝負を仕掛け、バトルロイヤルのような四《よ》つ巴《どもえ》の戦いを制した。ロレンソは2位。ロッシは0・128秒差で表彰台を逃し、4位で終えた。

名勝負の余韻は、しかし、4日後にあえなく崩れ去った。2週連続開催となるマレーシアGP、木曜の事前記者会見の場で突然、ロッシがマルケスを非難しはじめたのだ。自分をチャンピオンにさせたくないためにマルケスはロレンソをアシストしていた、と主張するロッシは、前戦での各選手のラップタイム表を手に、そのロジックを滔々《とうとう》と述べてマルケスとロレンソを指弾した。

それまでの社交辞令的な友情も敬意もすべてかなぐり捨て、相手の顔にいきなり手袋を

ロッシの指弾にロレンソ（左端）は「マルク（右端）は僕をブチ抜いて優勝した。たいしたアシストだよ」と皮肉ったが、〈疑惑〉にこだわるロッシは聞く耳を持たなかった。

投げつけるようなこのやりかたは、２００４年にここセパンの記者会見場でセテ・ジベルナウに仕掛けたときを思い出させた。11年前にこの会見場で、「バレンティーノが本当はいいヤツであることはわかっている。感情が激しているからあんなことをいうんだろう」と取り繕うようなことを述べたジベルナウは、いま思えばあまりに紳士的で、あまりに無垢にすぎた。

２０１５年のマレーシアGP事前会見の場で、同じように絶縁状を突きつけられているマルケスも当然ながら、ロッシの指弾に驚いた表情を見せた。だが、一瞬の後にはむしろ淡々とした表情で、

「レース中に途中でペースを落としたのは

フロントタイヤの過熱を抑えて、最後に勝負を仕掛けるための温存策だった。誰を助けようという意図などいっさいなく、最終セクションのオーバーテイクは自分が勝つためのギリギリの勝負だった」

と説明した。そして翌日、初日の走行を終えた金曜夕刻には、

「なぜ自分が難詰されるのかわからないけど、シーズン残り2戦でランキング2位の選手とわずかなポイント差なら、誰だってプレッシャーを感じる。だから彼の状況は理解できるし、ぼくはいまもバレンティーノを尊敬している」

と話した。もしもロッシがこのときのマルケスの年齢で、ひとまわりほど年上のトップライダーから似たような口撃を仕掛けられたとすれば、おそらく同様のことばを返し、メディアの感情を自分の側に引き寄せようとしていたのではないだろうか。

ロッシがこれほどに強い猜疑心《さいぎしん》を見せてマルケスを牽制にかかる理由は、先に触れたロッシをよく知るイタリア人ジャーナリストによると、「自分と同じものをマルケスのなかに見ているから」なのだという。〈自分ならこういう場合にはまちがいなくそうする（考える）から、ヤツもそうであるに違いない〉というわけだ。

「皆がバレンティーノのことを、ものすごく頭が良くて才能に溢《あふ》れた『神』だと思ってき

た。しかし、今回のできごとで、彼もまた同じ人間であることを露呈したんだ」

そして、彼はこうもいう。

「今回がおそらくチャンピオン獲得の最後のチャンスであることを、バレンティーノは自覚している。だからこそ、なんとしても王座を獲得したいと渇望しているんだよ」

ロッシ時代終焉《しゅうえん》を決定づけた〝接触〟事件

ロッシとマルケス、そしてロレンソをも巻きこんだこの週末の戦いは、胃に硬いしこりが残るようなぎこちなさを通奏低音として抱えながら推移していった。そしてそのぎこちない緊張感が、日曜の決勝レースで決壊した。

優勝はダニ・ペドロサ。独走で逃げきる得意の勝ちパターンだった。2位はロレンソ。ペドロサからは引き離されたものの、後続を引き離してこちらも単独走行でゴールした。

ロッシとマルケスは、3位を争った。

前のロレンソへ一刻も早く追いつきたいロッシに対して、マルケスは振りきらせまいと絡み続けた。5周目には都合9回のオーバーテイクが繰り広げられた。ふたりのバトルが熱くなればなるほど、前との差は開いてゆく。

6周目の8コーナー出口では、後方を一瞬振り返ったロッシがマルケスに対して中指を突き立てた。彼がコース上で、しかも公然とこのような行為で感情をあらわにするのは、おそらく2001年の鈴鹿サーキットでマックス・ビアッジに対して怒りを示したとき以来ではないか。

そして7周目の14コーナーで接触が発生した。マルケスは転倒し、リタイア。ロッシは3位でチェッカーフラッグを受けた。3位でゴールしたとはいえ、このレース結果はロッシにとって墓穴を掘ることにもなった。レース中の接触行為に対してペナルティが科され、次のシーズン最終戦バレンシアGPは最後尾からのスタートを強いられることになったのだ。

この日のレース後、取材は混迷と紛糾を極めた。ロッシとマルケスはそれぞれ、通常の何倍もの時間を割いて取材陣からの質疑応答に叮嚀《ていねい》に対応した。何台ものテレビカメラに囲まれ、各国の取材陣とことばを交わすマルケスの横顔を見ながら、彼が金曜の初日走行後に話していたことを思い出した。そこで、ロッシを尊敬しているといっていたけれども、その気持ちはこの転倒で変わったか、と尋ねてみた。

「変わったね。多くの人たちの気持ちも変わったと思うよ」

そう答えるマルケスの表情に、笑みはなかった。

その後に行われたロッシの囲み取材でも、多くの質問が矢のように飛んだ。接触について尋ねられるたびにロッシは、それが意図的なものではなかったことを強調した。では、その故意ではない行為の結果生じたことに対して科せられる最後尾スタートというペナルティについては、どう捉えているのか。彼にそう問いかけてみると、「重すぎると思う」という答えが返ってきた。

「最後尾からのスタートでは（上位に浮上するのは）不可能に近いのだから、チャンピオンシップはもう決定したも同然かもしれない。わざと転倒させようと思っていたわけではないという意味でも、これは厳しい裁定だと思う」

最終戦は、この2週間後に行われた。最後尾スタートのロッシは4位まで追い上げた。22台のごぼう抜きである。だが、表彰台圏内には19秒届かなかった。優勝はロレンソ。マルケスは2位、ペドロサが3位に入り、スペイン勢が表彰台を独占した。この結果、ロレンソが2015年シーズンのチャンピオンを獲得。ロッシは、手許《てもと》まで引き寄せていた6年ぶりの王座を5ポイント差で逃し、年間ランキング2位でシーズンを終えた。

ヤマハのエースから降りるとき

ロッシとマルケスのあいだに生じた確執は、二度と溝が埋まらないように見えた。

だが、雪解けは意外に早くやってきた。翌2016年6月の第7戦カタルーニャGPで、中排気量Ｍｏｔｏ2クラスの金曜日走行の際に、地元スペイン出身選手ルイス・サロムが命を落とすという不幸なできごとがあった。この事故を受けて、その後の全スケジュールキャンセルも検討されたが、遺族は故人の愛したレースを中止しないよう強く望み、通常どおりにレースが開催されることになった。

その決勝レースでは、ＭｏｔｏＧＰクラスでロッシが優勝、マルケスが2位で終え、ふたりはレース直後のパルクフェルメ（車輌《しゃりょう》保管所）で健闘を称《たた》えあった。その後の表彰台記者会見で握手を交わした際には、記者席から拍手が沸き起こった。

全18戦を終え、年間チャンピオンはマルケスが獲得。ロッシはランキング2位で一年を終えた。2017年もマルケスが制し、ロッシは5位に終わった。この年から、チームメイトはホルヘ・ロレンソではなく、さらに若いマーヴェリック・ヴィニャーレスになった。

だが、ライバルに対するロッシの強烈な敵愾心は、彼がいまだ心身ともにトップライダーとして充実している証ともいえる。その後も、マルケスとの関係は何度かの亀裂と社交辞令的な修復を繰り返した。そのふたりの関係性にまたしても大きく亀裂が入ったのは、2018年の第2戦アルゼンチンGPだった。

この日は、突然の降雨とそれに伴う各チームのルール解釈などでスタート時にかなりの混乱が生じ、その影響として、レース開始後にトップを走行していたマルケスにピットレーンのスロー走行を命じるライドスルーペナルティが科された。このペナルティ消化により、マルケスは先頭を独走していた状態からほぼ最後尾の19番手を走る羽目になった。

そこから驚異的なタイムを連発して上位陣へ迫っていく過程で、ロッシを追い抜いた際に接触が生じ、ロッシが転倒。これはいわば、2015年セパンで発生したアクシデントの立場が入れ替わった格好だ。当然、両者の遺恨が再燃しないわけがない。

レース後の取材でロッシはマルケスの危険行為を非難し、一方のマルケスは「誰かを意図的に転倒させようと思ったことは、自分のレース人生では一度たりともない」と弁明した。メディアを介した彼らのこの応酬はまさに、2015年の合わせ鏡だった。

このときのレースリザルトは、ロッシは転倒後に再スタートして19位。マルケスは5番手でゴールしたものの、レース中の危険走行行為にペナルティが科され18位となった。ともに15位より下位であるため、チャンピオンシップポイントは獲得していない。

シーズン全体の推移に目を向けると、この2018年はロッシとヴィニャーレスがともにタイヤのグリップ不足などに苦しむ苦戦の一年になった。結局、この年のヤマハ勢はマルケスの牙城に迫ることができず、ロッシは年間ランキングを3位で終えた。

2019年の表彰台獲得は2戦のみで、シーズンランキングは7位。ドゥカティ時代以来の低い成績になった。このシーズンで象徴的だったのは、最高峰クラスにデビューした20歳のルーキー、ファビオ・クアルタラロが、ヤマハサテライトチームながら王者マルケスと何度も熾烈なトップ争いをしたことだ。その姿は、約20年前、最高峰クラスデビューイヤーにいきなり優勝争いを繰り広げたロッシを彷彿《ほうふつ》させるようでもあった。

2020年は、新型コロナウイルスの蔓延により、一時期はレースの開催そのものが危ぶまれた。だが、関係各方面の尽力により、

表彰台獲得199回は歴代1位。2位はJ・ロレンソの114回、3位はD・ペドロサの112回。ロッシのダントツぶりがよくわかる。

7月スタートの形でカレンダーが組み直され、その初戦と2戦目をクアルタラロは連勝。一方、ロッシは2戦目で3位に入り、自分の半分の年齢のクアルタラロとともに表彰台に登壇した。クアルタラロは、２０２１年からヤマハファクトリーチームへ移籍する。ロッシはそれと入れ替わる格好で、クアルタラロの在籍していたサテライトチームへ移る。

２０００年に21歳でナストロアズーロ・ホンダのライダーとして最高峰クラスに昇格してきたとき以来、人生の半分をＭｏｔｏＧＰ最高峰のファクトリーライダーとして生きてきたバレンティーノ・ロッシは、20年ぶりにサテライトチームの選手としてシーズンを過ごす。もちろん、形式的にサテライトチームに所属するとはいえ、契約としてはファクトリー体制である。だが、問題はそこではない。ヤマハファクトリーは42歳のバレンティーノ・ロッシを自陣のエースとしてもはや遇しなくなった、ということが厳然たる事実であり、そこに時代の変遷が象徴されているのだ。

ロッシがこれまでに最高峰クラスで優勝した回数は89回。2位と3位を含む表彰台獲得は１９９。いずれも、史上ダントツのトップである。まさしく前人未踏の大記録だ。

これらの数字を90回と２００の大台へ乗せる歴史的な偉業達成の瞬間を誰よりも強く待ち望んでいる人物は、まちがいなくバレンティーノ・ロッシその人であるだろう。

第2章　ニッキー・ヘイデン

1981年7月30日、アメリカ・ケンタッキー州生まれ。2002年にAMA(全米選手権) スーパーバイククラスで史上最年少チャンピオンを獲得、03年からMotoGPのホンダファクトリー、レプソル・ホンダ・チームに加入。06年に年間総合優勝を達成。09年からドゥカティファクトリーチームへ移籍、16年にSBK(スーパーバイク世界選手権) に転向した。17年5月に交通事故に遭い、帰らぬ人となった。35歳没。

気さくで爽やか、素直なアメリカンボーイ

ニッキー・ヘイデンがＭｏｔｏＧＰの世界に足を踏み入れたのは２００３年、21歳のときだ。前年の02年に史上最年少でＡＭＡ（全米選手権・現Moto America）スーパーバイクのチャンピオンを獲得し、将来性を大いに嘱望された世界デビューだった。

ホンダファクトリーの名門レプソル・ホンダ・チームへの抜擢《ばってき》で、初年度のチームメイトがバレンティーノ・ロッシ、というだけでも、ホンダのヘイデンに対する期待の大きさがわかる。

誰に対するときでも気さくで爽やか、飾り気のない素直な性格で、ケンタッキー・キッドという愛称が示すとおり、いかにもアメリカの好青年という印象だった。ＡＭＡとＭｏｔｏＧＰはさまざまな点でレース環境が異なるため、ヘイデンはいつも謙虚にバイクと向き合い、ひたすら真面目な態度で徹底的に走りこみを続けていた。

レプソル・ホンダでヘイデンの先輩ライダーにあたる岡田忠之《ただゆき》は、ヘイデンのデビュー当時にチームの助監督として教育係のような任についていた時期があったが、彼の性格について、こんなふうに評したことがある。

「とにかく彼は、言い訳をしないし、人のせいにしない。たとえばタイムが出なかったりするときに、その原因がハードウェアの場合だってあるわけじゃないですか。そんなときでもニッキーは、『自分に責任がある』といってしまうんですね」

2006年に世界チャンピオンを獲得した後も、このひたむきな姿勢は一貫して変わることがなかった。開幕前のプレシーズンテストでも、コースがオープンしてから日没前の終了時刻まで、ヘイデンは終日走り続けた。周回数はおそらく、どのチームの誰よりも多かったのではないだろうか。当時のレプソル・ホンダ・チーム監督だった田中誠が「ニッキーの場合、〈走らないと死んじゃう病〉だからしようがないんだよ」と、半ば呆《あき》れつつ半ば感心しつつ、笑いながら話す口調は、まるで自慢の弟を語るかのような趣もあった。

話を少し戻すと、ヘイデンがMotoGPにデビューした03年の年間ランキングは5位。ルーキーとしてはまずまず、といったところだろうか。初表彰台はこの年の第13戦パシフィックGP（ツインリンクもてぎ）、として記録されている。だが、じつはこれは玉田誠の3位がレース後に取り消し処分となったため、決勝後の当日夜になって繰り上げ3位が決定した、という事情がある。じっさいに彼が観客の面前で表彰台に登壇した最初のレースは、その2週間後、第15戦オーストラリアGPでの3位獲得だった。

地元で初優勝、父を後ろに乗せてのウィニングラン

2年目の04年は年間ランキング8位。翌05年に、ヘイデンの母国アメリカ合衆国のUSGPが復活した。舞台は、カリフォルニア州のラグナセカサーキット。コーナーを経るたびに徐々に高度を上げながら、中盤セクションで最高地点に達したところからブラインド状の左コーナーへ小さく旋回し、一気に右方向の急坂を下って、その直後に左へ切り返すジェットコースターのような難コーナー〈コークスクリュー〉で有名なサーキットだ。

1994年を最後に、ここではグランプリが行われておらず、このときが11年ぶりの開催だった。つまり、2005年現在の現役選手は、そのほとんどがここでレースをしていない。豊富な走行経験があるのは、AMA時代に走ったことのあるヘイデンたちごく数名のアメリカンライダーのみだった。

この地元大会で、ヘイデンは圧倒的な速さを披露した。土曜の予選は、当然のようにポールポジションを獲得。日曜の決勝でも、1周目から後続をぐいぐい突き放した。32周を最初から最後まで独走し、圧巻の強さを見せて優勝。3年目のシーズンでMotoGP初勝利を達成した。

そのウィニングランでヘイデンは、父アール氏をバイクの後ろに乗せてコースを1周した。平均的中流家庭のアール・ヘイデン一家は、けっして金銭的に裕福な環境ではなかった。だが、家計をやりくりしながら長男トミー、次男ニッキー、三男ロジャー・リーの3人をすべてプロフェッショナルライダーに育て上げた。アール氏はほとんど毎回、次男ニッキーのMotoGPのレースに帯同していた。レプソル・ホンダ・チームのピットボックスにはいつも、いくつものストップウォッチを固定した自作クリップボードを抱えてラップタイムを計測するアール氏の姿があった。

ニッキーがMotoGP初優勝を遂げた日、併催のAMAスーパースポーツで、弟のロジャー・リーは2位、兄トミーは6位に入った。

その父をホンダRC211Vの後ろに乗せてコースを1周する息子のウィニングランを、ラグナセカサーキットの観衆は大喝采で祝福した。息子の後ろに跨がるアール氏の、少し照れたようでありながらも、大観衆に自慢の息子をお披露目して回る誇らしげな笑顔がじつに印象的だった。

表彰式では、3位と2位の選手に続き、司会者がニッキー・ヘイデンの名を告げると、ふたたび大歓声が沸き起こった。ヘイデンは、弾《はじ》けそうな笑顔とともに登場し、表彰台の前で軽やかにツィスト風のステップを踏んでみせた。うれしそうな笑顔を見ているだけで、その愉快な雰囲気が見ている側に伝染する。ニッキー・ヘイデンはそんなライダーだった。

大好きなアメリカンライダーは意外な人物

そういえば、こんなことがあった。

06年の開幕前に、スペインのヘレスサーキットでプレシーズンテストが行われたときのことだ。その際に、彼に単独インタビューを行った。昨シーズンの振り返りや今季の抱負、プレシーズンテストの仕上がり具合などを質問し、その流れで子供時代に憧れていた選手についても、彼に尋ねた。

ケニー・ロバーツ、フレディ・スペンサー、エディ・ローソン、ウェイン・レイニー、ケビン・シュワンツ……、20世紀には何人ものアメリカ人ライダーたちがチャンピオンを獲得してきた。そんな偉大な先達たちのことを尋ねるのは定番の項目だろう。だが、そんな当たり前で類型的な質問など、きっと何度も聞かれて飽き飽きしているはずだ。また、たとえ質問してみたとしても、おそらく新味のない回答しか返ってこないだろう。そこで、

「ニッキー、たしかあなたはババ・ショバートのファンなんですよね」

と問いかけてみた。ババ・ショバートは1980年代に活躍した選手で、88年にAMAスーパーバイクチャンピオンを獲得。89年からWGP500ccクラスへ参戦を開始するが、第3戦目のレース終了直後に重傷を負い、それが原因で現役活動に終止符を打った。

世界的にはけっしてメジャーなライダーではない。その名前が、しかも日本人の口から出てきたことが意外だったのかもしれない。ショバートの名前が出た途端に、ヘイデンの顔に笑みが弾けた。「そう、そうなんだよ」と愉しそうな声を上げ、饒舌《じょうぜつ》に話しはじめた。

ショバートが世界最高峰の舞台で戦ったのは、たった3戦にすぎない。だが、アメリカではダートトラックレース（フラットな未舗装のオーバルコースで競うレース）を1985年から87年まで3年連続で制覇し、ヘイデンが成し遂げられなかったグランドスラム（ショートトラック、TT、ハーフマイル、マイル、ロードレースの5種目で勝利すること）を達成した数少ない選手だ。AMAの殿堂入りも果たしている。さらに、アメリカホンダの出身という点では、ヘイデンの先輩ライダーでもある。

ヘイデンは、いかにショバートがすごいライダーだったか、子供時代の自分がいかに彼の走りに憧れていたかを、笑顔で雄弁に語り続けた。

2006年シーズンが始まり、この年のUSGPは前年よりも2週間ほど遅い7月下旬に開催された。そのレースウィーク初日、金曜午前のフリープラクティス走行直後にショバートがヘイデンのピットボックスをサプライズ訪問する、というできごとがあった。ヘイデンが驚き、子供のように喜んだことはいうまでもない。

このときのヘイデンはグランプリ参戦4年目で、25歳の誕生日を数日後に控えていた。シーズン開幕以来コンスタントに表彰台を獲得し続け、この母国GPを前にした段階でランキング2番手のバレンティーノ・ロッシに対して26ポイント差を開いていた。ランキング3番手でチームメイトのルーキー、20歳のダニ・ペドロサには29ポイント差。僅差ながら、チャンピオン争いで強力なライバルたちを凌いで首位に立っている状況だった。

日曜の決勝では、ヘイデンは前年以上の強さと、したたかな勝負を見せた。

スタート直後から中盤までは、3番手から2番手を走行。トップを走る選手は独走する気配も見せていたが、ヘイデンは焦ることなく、前との差を着実に詰めていった。

レースの中盤を過ぎた17周目で前に出ると、そこから先は一気に引き離しにかかり、29

周目には2番手に4秒以上の差をつけ、全32周を終えてみれば圧勝のラグナ2年連続優勝。2位にはペドロサが入り、レプソル・ホンダ・チームがヘイデンのホームグランプリで1―2フィニッシュを達成した。ヘイデンはポイントランキング首位の地歩をさらに固めて、約3週間のサマーブレイク期間に入った。

しかし、夏休み明けのシーズン後半は予想外の波瀾《はらん》が待っていた。

「タイトルを狙うには人が好《よ》すぎる」男が最終戦、奇跡の勝利

サマーブレイクが明けて後半戦に入ると、チャンピオン争いは緊迫感を増しはじめた。前半戦を首位で折り返したヘイデンは、後半戦は惜しいところで表彰台を逃すレースが続いた。一方、チームメイトのペドロサと、01年から5連覇を続けるヤマハのバレンティーノ・ロッシが猛追を開始した。9月下旬の日本GPを終えた段階で、首位のヘイデンに対して2番手のロッシは12ポイント差、ペドロサは34ポイント差。計算上はまだペドロサにもチャンピオンの可能性が残されていた。

シーズンは残り2戦。わずかなミスが命取りになる。そんな状況のなか、最終戦を前にしたポルトガルGPで予想外のできごとが勃発した。決勝レース序盤の5周目に、ペドロ

サが自滅して転倒。その際に、アウト側にいたヘイデンを巻きこんでしまい、両選手とも再スタートできずリタイア、ノーポイントになってしまったのだ。一方、ロッシは2位に入って20ポイントを加算したことにより、ヘイデンとのあいだに開いていた差を8ポイント逆転して、ランキング首位に立った。

最終戦のバレンシアGPは、チャンピオンを争う両選手の攻守が逆転した格好で迎えた。予選を終えて、ロッシはポールポジションを獲得。一方、ヘイデンは2列目中央の5番グリッドになった。何度もタイトル争いを経験してきたディフェンディングチャンピオンが先頭からスタートする一方で、その牙城に初めて挑むライダーは1列後方。この状況は、何度もタイトルを守り抜いてきたロッシに有利なように見えた。

しかし、そのロッシが決勝でスタートに失敗した。スタートで出遅れ、7番手まで大きく順位を下げてしまった。追い上げを狙う5周目、左へ旋回する2コーナーでフロントが切れこんで転倒。ロッシとYZR-M1は路面を滑走し、コースサイドへ転がっていった。

このとき、ヘイデンは2番手を走行していた。ロッシは即座にバイクを引き起こしてレースに復帰したが、すでにヘイデンは手の届かない遠くへ離れていた。ヘイデンは最後まで表彰台圏内の走行を続け、3位でゴール。16ポイントを加算した。ロッシは13位で終えて3ポイントの加算にとどまったため、ヘイデンが5ポイント上回る再逆転でチャンピオンを獲得した。シーズン終盤になって何度も続いたどんでん返しは、誰も予想しえなかった波瀾の逆転劇で幕を引いた。

「チャンピオンを獲るためには、速さだけではなく狡猾《こうかつ》さも重要になる。ニッキーは、タイトルを狙うにはあまりに人が好すぎる」

彼の素直で正直な性格を評してそんなふうに穿《うが》った見方をする声も、当時は少なくなかった。だが、ヘイデンとホンダは真っ正面から王者ロッシとヤマハに挑み、熾烈なチャンピオン争いを最後まで諦めずに王座を勝ちとった。

ウィニングランで、ヘルメットを左腕に提げたヘイデンは、アメリカ国旗を掲げてコースを1周した。涙でくしゃくしゃになった顔

このウィニングラップでは、タイトル争いに敗れたロッシも近寄って握手を求め、潔く新王者の誕生を称えた。

を、隠そうともしなかった。

「あのときさ、ニッキーがヘルメットを脱いでコースを走行してたでしょ。あれ、ホントはやっちゃダメなんだよね」

チーム監督の田中誠は、後にそういって苦笑した。

「厳密なことをいえば、エンジンをかけてコース走行中はヘルメットを脱いじゃダメなんですよ。チャンピオンを取り消されちゃうんじゃないかと思って、ハラハラしましたよ」

笑顔で軽口を叩《たた》く姿からは、ライダーのひたむきな努力とチーム運営の心労、そして開発陣の必死の努力がようやく報われた、という安堵がはっきりと窺《うかが》えた。

その後は低迷も、腐らず全力姿勢

しかし、その後は苦しいシーズンが続いた。2007年にチャンピオンナンバーの1をつけて走ったヘイデンだったが、苦戦が続きランキングは8位。翌08年も好成績を残せずに、この年かぎりでホンダを離れ、09年にドゥカティファクトリーチームへ移籍をした。

ボローニャのボルゴ・パニガーレに本拠を構えるイタリア企業のドゥカティは、社内の雰囲気や技術者たちの気風が、日本企業のホンダとは大きく異なる。MotoGPのレー

ドゥカティ初年度の2009年第12戦インディアナポリスＧＰ。故郷のケンタッキー州オーウェンズボロから近い地元レースにスペシャルカラーで臨んだ。結果は３位表彰台。

ス現場でも、一事が万事イタリアンスタイルだ。彼らの母語はイタリア語だが、欧州企業だけあって全員が英語を非常によく解する。

それでも、日々の生活やメディア対応ではイタリア語を必要とする場合も多く、コミュニケーションに不自由をする場合もある。そのため、ヘイデンを若い頃からよく知るアメリカ人ジャーナリストが専属広報担当として雇われることになった。我々の取材仲間でもあるこの人物は、アメリカのバイク雑誌編集長を務め、06年のチャンピオン獲得後にヘイデン三兄弟の評伝を著した優秀な書き手だが、イタリア語も堪能であることから、ヘイデン担当としてチーム入りすることになった、というわけだ。

09年のドゥカティは、07年に王座を獲得したマシンのさらなる戦闘力向上を目指し、さまざまなトライを行っていた。07年のチャンピオンライダー、ケーシー・ストーナーですら、調子には波があった。新たに加入したヘイデンについては、いうまでもないだろう。この年のヘイデンの年間ランキングは13位だった。

11年はストーナーがホンダへ去り、新たにバレンティーノ・ロッシがドゥカティ陣営に加入した。マシン設計の指揮を執るフィリポ・プレツィオージは、ロッシの求めに応じて徹底的な改良を進めていった。台風のようなその2年間を経て、ロッシはヤマハへ戻り、プレツィオージもロッシが去ったしばらく後に、引責辞任のような格好で現場を去った。

いくつもの波に翻弄されながらも、ヘイデンはけっして腐らなかった。その時々の条件下で、いつも全力を尽くした。一般に、成績がふるわない選手のところには、人は集まらなくなるものだ。しかし、ヘイデンの場合は、日々の囲み取材で常に一定数の取材陣がやってきた。さまざまな質問に対する受け応えはいつも素直で叮嚀で、不振に苦しんでいるときでもネガティブなことはいわず、そんなところからも彼のひたむきな姿勢が透けて見えた。

しかし、思いどおりの成績はついてこなかった。10年は年間7位、11年は8位、12年と13年はともに9位。そして13年いっぱいでヘイデンはドゥカティを去り、ホンダのサテライトチームへ移籍した。当時はMotoGPの技術規則が大きく揺れていた時期で、ヘイデンが移籍したチームのマシンは、ファクトリースペックではなく、それよりも数段落ちる仕様と電子制御を搭載した「オープンカテゴリー」と呼ばれる区分のバイクだった。

ファクトリー勢に比して、苦戦を強いられることは明らかだった。さらに、この2014年シーズン中には負傷にも見舞われ、数戦で欠場を余儀なくされた。年間ランキングは16位で、翌年も状況は改善せず20位。そしてこの年をかぎりに、ヘイデンは13シーズンを過ごしたMotoGPを去った。

誰からも愛されたライダー

16年からの新たな戦いの場は、量産車をベースにレース用改造を施したSBKで、ホンダ系のトップチームに所属した。このカテゴリーに参戦して久しぶりに優勝を飾り、3レースで3位表彰台を獲得した。また、SBKに参戦する一方で、MotoGPのホンダ系選手が負傷などで欠場をした際には、〈スーパーサブ〉として代役参戦する役割も任されていた。

たとえば、２０１６年のＭｏｔｏＧＰ第14戦アラゴンＧＰでは、負傷したジャック・ミラーの代役として登場した。第16戦オーストラリアＧＰでは、かつてのチームメイト、ダニ・ペドロサの代役としてレプソル・ホンダ・チームのマシンに跨がってレースに臨んだ。

かつて無垢だった若者は、人生の紆余《うよ》曲折を経験してすでに35歳になっていた。世界最高峰の場でチャンピオンを争い、長年にわたってさまざまなライバルたちと競いあった経験を持つトップライダーならば、ある程度の人間関係の軋轢《あつれき》や毀誉褒貶《きよほうへん》はあって当然だろう。

しかし、ヘイデンに対する悪口雑言は、癖の強い人々の多いグランプリパドックでも、まず聞いたことがない。彼がピットボックスに現れると、そこはあいかわらず昔のように、光が射すような明るくポジティブな雰囲気に包まれた。誰もニッキー・ヘイデンの陰口を叩かなかった。ニッキー・ヘイデンは、本当に皆に愛されていた。

「とにかく、彼は嫌な表情を見せないんです。ライダーって、ピットボックスの中と外ではいろんな顔を使いわける場合があるものですが、ニッキーの場合はそれがない。シャッターが下りたピットの中で、確かにマシンの状態に対してコンプレイン（不満）はいいますよ。でも、気分を害して声や態度を荒らげるような素振りはいっさいないですね。皆に対して気を遣うライダーなんですよ」

ヘイデンの性格をそう評するのは、レプソル・ホンダ・チーム時代の最終年になった2008年にチーム監督を務めていた山野一彦だ。

山野は、田中誠の後任として、このシーズンからチームの指揮を執ることになった。ヘイデンがMotoGPへ来る前のAMA時代に、山野とヘイデンは仕事をともにしている。また、MotoGPに初参戦した2003年にヘイデンは夏の鈴鹿8時間耐久ロードレースにも初参戦をしているが、そのときに彼が所属したセブンスター・ホンダ・チームの監督を担当したのが山野だった。

2008年シーズンのヘイデンは、成績不振や負傷に苦しみ、前述したようにこの年かぎりでチームを離れてドゥカティファクトリーへ移る。

「奇妙に聞こえるかもしれませんが、彼がドゥカティに行ったあとでも、私にはホンダのライダーというイメージしかないんですよ。どこでどんなカテゴリーを走っていても、ニッキーは我々の仲間だとずっと思っていたし、それはこれからもそうですね。彼と仕事をした人は、どのチームや陣営であれ、全員がそう考えているんじゃないですか。きっと、ドゥカティの人たちも同じだと思います。そういう不思議な雰囲気を持ってる人なんですよ、彼は。本人はまるで意識していないでしょうけれどもね」

２０１６年に、ヘイデンは13年ぶりに鈴鹿８耐へ戻ってきた。この当時、ホンダファクトリーは８耐に参戦しておらず、ヘイデンはトッププライベーターチームのMuSASHi RT HARC-PRO.からの参戦になった。ピットボックスにはＨＲＣ《Honda Racing Corporation》（ホンダレーシング）の人々もサポートとして出入りしており、そのなかには山野の姿もあった。

話は少し前後するが、ヘイデンがドゥカティを離れてふたたびホンダ陣営に加わり、プライベートチームから参戦することになった２０１４年シーズンに、その「オープンカテゴリー」のマシンをチームにサービスする担当をしていたのが山野だった。ヘイデンがホンダの選手として走り続けた期間、山野とヘイデンはこのように出会っては別れ、また出会う、という数奇な巡り会いを繰り返した。

２０１６年の鈴鹿８耐に話を戻せば、ヘイデンはこのレースウィーク中の土曜日、７月30日に35歳の誕生日を迎えた。ピットボックスでチームメイトやHARC-PRO.のスタッフに祝福されて撮影した写真のなかで、スペシャルケーキを両手で抱えたヘイデンは、周囲を愉しくするあの弾けるような笑顔に充ちていた。だが、翌日の決勝レースは、マシントラブルによりリタイアを余儀なくされた。

日本にも、ヘイデンのファンは多い。彼の姿を見るためにこの年の8耐を観戦に行った、という人々も多かったはずだ。そんな彼ら彼女らにとって、この8耐はヘイデンの健在ぶりを目の前で見ることができた喜びと、リタイアにより結果を残せなかった悔しさが相半ばする、複雑な週末だったことだろう。

交通事故で死亡。35歳没

ヘイデンの走りに取り組む姿勢について、山野のことばをここでもう一度引いておく。

「世界じゅうに数多くのライダーがいるなかで、彼ほど真摯にレースに向き合うライダーは、まず見たことがありません。誤解を恐れずにいえば、彼はけっして器用なタイプの選手じゃありません。ずば抜けた天才ライダーでもないかもしれません。でも、天才ではないがゆえに、彼は努力の大切さを誰よりもよくわかっている。そして（2006年のチャンピオン獲得によって）それが報われることを身をもって証明した。何事においても、あれほど努力をできる真のライダーはニッキー・ヘイデンをおいて他にいない、そう思います。

それはお父さんの教えだったのかもしれないし、お母さんの教えだったかもしれない。

お兄さんや弟、姉妹のヘイデンファミリーの家族の和が、ニッキーを作っていったのだと思います。だから、彼は誰かのために努力をしなきゃいけないといつも思っているんですよ。自分自身のためではなくて。だからこそ、あれだけの努力ができるんだと思います」

その彼が、２０１７年の5月に交通事故に遭った。イタリアで自転車トレーニングの最中に自動車と衝突した、という情報は、即座にＭｏｔｏＧＰ関係者の耳にも届いた。この事故が発生したとき、ＭｏｔｏＧＰはフランスＧＰが始まろうとしていたところだった。ル・マンサーキットに動揺が走った。

レースウィークを通じて、チームやクラスを問わず、多くのライダーや関係者が「ニッキー、早く回復してくれよ」「元気な姿で戻ってくるのを待ってるぞ」というメッセージをパドックのあちらこちらに掲げた。

しかし、皆の懸命な祈りも空《むな》しく、フランスＧＰ決勝翌日の月曜に、ニコラス・パトリック・ヘイデンの死去が発表された。

次戦イタリアＧＰは、35歳の若さで世を去ったヘイデンを追悼する大会になった。あまりに突然のできごとに、皆がまだ気持ちの整理をつけられないでいた。ライダーたちはバイクやヘルメットに、ヘイデンの代名詞でもあるバイクナンバー〈69〉を貼って走り、メ

ムジェロサーキットに展示されたヘイデンの歴代マシン。ＲＣ211Ｖ（ホンダ）やデスモセディチ（ドゥカティ）以外に、ＳＢＫ参戦時のバイク等も。（撮影：西村 章）

カニックやエンジニアたちは喪章をつけてウィークに臨んだ。
また、週末を通してパドックの隅には、ヘイデンが乗ってきたホンダやドゥカティなど歴代のバイクが追悼展示された。バイクを並べた背後のパネルには、生前のヘイデンが遺したこんなことばが記されていた。

バイクのレースは、ぼくの人生そのものだ。
ぼくが知っているのはレースをすることで、いつもずっとこればかりやってきた。
家族もレースをしている。
友人たちもレースをしている。
レースはただの仕事なんかじゃない。
心から夢中になれる、大好きなものなんだ。

第3章　ケーシー・ストーナー

Casey Stoner

1985年10月16日生まれ、オーストラリア・クイーンズランド州出身。14歳で家族と渡英し、イギリスやスペインのロードレースに参戦。2002年から世界選手権へフル参戦し、06年にMotoGPクラスへ昇格。07年にドゥカティのファクトリーチームへ移籍してチャンピオン。初の年間総合優勝をもたらす。11年にホンダファクトリーのレプソル・ホンダ・チームに移り王座獲得。翌12年かぎりで現役活動から引退した。

天才チャンピオン、26歳での引退宣言

ケーシー・ストーナーは、最高峰クラスのＭｏｔｏＧＰに昇格して2年目の２００７年にチャンピオンを獲得した。まぎれもなく、天才である。それは、シーズン全18戦中10勝を含む14表彰台、という圧倒的な成績が雄弁に物語っている。さらにいえば、そのシーズンはホンダからドゥカティファクトリーチームへ移籍した最初の年でもあった。

この卓越した成績が彼の抽んでた能力によることは明らかだが、その事実を認めたがらない声も、じつはこの当時には少なからずあった。ある者たちは、ＭｏｔｏＧＰの技術規則変更によりエンジン排気量が９９０ccから８００ccになったことがドゥカティに利したからだ、とまことしやかに語った。また、ある者たちは、ストーナーは先進的な電子制御技術に頼った現代的なライディングの申し子なのだ、と皮肉ぶって評した。

そんな斜に構えた言辞を聞くたびに、ストーナーのクルーチーフを担当するクリスチャン・ガッバリーニはいつも内心で苦笑していたという。「電子制御まかせ」という嘲笑はまったくの的外れで、じつはストーナーは電子制御の介入をできるかぎり排して、右手首の繊細な感覚によるスロットル操作を好むライダーだったからだ。マシンセットアップを

束ねるガッバリーニは、彼のずば抜けたライディング技術を誰よりもよく知っていた。

２０１１年に、ガッバリーニはストーナーとともにホンダファクトリーのレプソル・ホンダ・チームへ移籍した。そして、そのシーズンも17戦中10勝を含む16表彰台という圧倒的な成績でチャンピオンを獲得。もはや、ストーナーの天才を疑う者はいなかった。

だが、翌12年の５月、フランスＧＰが始まる直前の木曜に、ストーナーはその年かぎりで現役活動から退く、と明らかにした。あまりに突然の発表だった。

このとき、ストーナーは26歳。そんな若い年齢でグランプリシーンを去る決意をしたことに人々は驚き、レース界はその才能を喪《うしな》うことを惜しんだ。しかし、いつもと同じ穏やかな口調で引退の決意を述べるストーナーの表情には、悔いのかけらも見えなかった。

そんなケーシー・ストーナーがＭｏｔｏＧＰの世界へ初めてフル参戦をしたのは２００２年、16歳で２５０ccクラスにエントリーしたときだ。所属先は、当時、１２５ccクラスの有力ライダーだったルーチョ・チェッキネロがプレイングマネージャーを務めるＬＣＲ（ルーチョ・チェッキネロ・レーシング）の２５０ccクラスチームだ。抜擢、といっていい。

250ccでデビューし、125ccへスイッチという変わった経歴

当時のストーナーはときおり上位争いに顔を覗《のぞ》かせることもあったが、それよりも、転倒したライダーの名を確認してみるとこの選手だった、ということがむしろ多かったように記憶する。いずれにせよ、見慣れない名前だったので、このライダーのプロフィールを知人に尋ねたところ、フル参戦を開始したばかりのオーストラリア人選手で、いきなり中排気量クラスへデビューしたらしい、ということがわかった。

ルーキーの登竜門である125ccクラスをスキップしていきなり中排気量の250ccクラスにデビューした理由は、ストーナーの自伝"Pushing the Limits"（日本語版未刊行）によれば、125ccクラスにはシートの空きがなかったためだという。だが、ストーナーがスペイン選手権に参戦していた時代にチームを指導していたアルベルト・プーチ（元500ccクラスライダー、現レプソル・ホンダ・チームマネージャー）がチェッキネロに仲介の労を執り、LCRの250ccチームと契約を交わすことになった、というわけだ。

バイクナンバーは、ストーナーが子供時代からお気に入りだった66番を使用するつもりでいたようだが、あいにく他の選手がその番号を使用していた。そこで、スペイン選手権

時代にプーチが割り振った27番を使うことになったのだという。ちなみにこのとき、26番を使用していたのが、生涯の好敵手となるダニ・ペドロサだ。ふたりはともに、これらの番号を引退するまで自らの代名詞として愛用し続けることになる（ただし、チャンピオンイヤーには両選手とも1番をつけている）。

グランプリデビューを果たした02年シーズンは、何戦かでシングルフィニッシュを果たしたものの、飛び抜けて目立つパフォーマンスを発揮したわけではなかった。翌03年は、125ccクラスにスイッチし、前年同様にLCRチームから参戦した。第9戦ドイツGPで2位に入り、初表彰台を獲得。だが、鮮烈な印象を与えたのは、キャリア2回目の表彰台になった第12戦リオGP（ブラジル）だった。

このレースでストーナーは、ペドロサやアンドレア・ドヴィツィオーゾ、ホルヘ・ロレンソたちと最終ラップの最終コーナーまで激しいバトルを繰り広げた。最後はロレンソが優勝し、ストーナーはわずか0・232秒差の2位でチェッカーフラッグを受けた。

レースを終えたストーナーが「勝つ自信はあったけど、ジョージが最後にアウト側から仕掛けてくるとは思わなかった」と述べたときは、誰のことを話しているのだろう、と不思議に思った。数瞬後にJorge（ホルヘ）を英語読みしているのだとわかり、妙に得心した。

　翌戦のパシフィックGP（ツインリンクもてぎ）でも2位表彰台を獲得したストーナーは、最終戦のバレンシアGPで初優勝。ランキングは8位で終えた。翌04年も125ccクラスに継続参戦し、05年に250ccへ復帰した。このときは02年と違って、すでに充分な経験と実力を身につけており、ペドロサとチャンピオン争いを繰り広げた。

　しかし、シーズン終盤の地元オーストラリアGP決勝レースで転倒。自滅したストーナーは王座の可能性が消え、年間タイトルはペドロサが獲得した。

「マシンが同じなら勝てる」を証明

　05年の250ccチャンピオン、ペドロサとランキング2位のストーナーは、翌06年にMotoGPクラスへステップアップした。ともにホンダ陣営ながら、ペドロサはファクトリーチームのレプソル・ホンダ、ストーナーはサテライトチームのLCRからの参戦だった。ペドロサは開幕戦で2位表彰台を獲得し、一方のストーナーは第2戦カタールGPで大いに存在感を発揮した。

　当時のカタールGPは、現在のようなナイトレースではなく、他のレース同様に日中のイベントとして開催されていた。ストーナーがヨーロッパからカタールに向かうフライトにトラブルが生じ、ドーハ空港へ到着したのは金曜午前の走行開始わずか1時間前。即座にサーキットへ駆けこんでレザースーツに着替え、文字どおりバイクに飛び乗った。

にもかかわらず、このセッションで最速タイムを記録した。以後のセッションでもトップタイムを続々とマークし、予選ではポールポジションを獲得。

日曜の決勝レースは5位で終えたが、次の第3戦トルコGPは優勝まで0・200秒差の2位表彰台を獲得した。その後は、何戦かで表彰台に肉迫するものの転倒も多く、最高峰初年度の総合順位は8位。小排気量時代からこの頃までのストーナーに共通するのは、切れ味の鋭い速さを発揮するけれども転倒が多い、という振幅の大きな不安定さだった。

そのイメージは、翌年にドゥカティファクトリーチームへ移籍したときに一変する。2007年開幕戦カタールGPで、ストーナーは最高峰クラスの初勝利を挙げた。

「ファクトリーマシンに乗れば絶対に負けない。彼らと同じタイヤを使うことができれば、転倒もしないし、必ずトップ争いをできる」

ストーナーは、常々そう漏らしていた。サテライトチームゆえに、マシンスペックやタイヤ性能などでファクトリー勢よりも一段劣る環境に甘んじざるをえなかったのは、確か

移籍後最初の2006年冬テストでは、初体験するドゥカティとブリヂストンタイヤにあっという間に順応し、チームを驚かせた。

に事実ではある。とはいえ、彼のことばは己の実力を棚に上げた鼻っ柱の強い負け惜しみ、と受け取られるのが常だった。しかし、ホンダサテライトチームからドゥカティファクトリーへ移籍した最初のレースで、ストーナーはあっさりと優勝を飾った。しかも、2位のバレンティーノ・ロッシに2・838秒、という大差である。

このリザルトが意味しているのは、前年のストーナーのことばは、ただの苦しまぎれや言い訳ではなく、単に事実を指摘していたにすぎない、ということだ。以後のレースでも、ストーナーは圧倒的な速さを発揮し続けた。

第3戦トルコGP　6・207秒

第4戦中国GP　3・036秒

第8戦イギリスGP　11・768秒
第11戦USGP　9・865秒
第12戦チェコGP　7・903秒

これはいずれも、この年に彼が優勝を飾ったレースでの、2位とのタイム差だ。この数字が容赦ない勝ちっぷりを何よりもよく物語っている。レース序盤で前に出ると、あとは後続との距離を引き離し続ける展開がほとんどで、派手なバトルは滅多になかった。

たとえば、ブレーキングでコーナー奥まで誰よりも深く突っこんで急減速したり、派手に暴れるマシンをねじ伏せるように操って抑えこんだりすれば、見た目にもわかりやすく天才性をアピールできるだろう。ところが、ストーナーの場合は、あまりにもスムーズで危なげなく走っている（ように見える）。当時の彼に対する「電子制御まかせ」「図抜けたマシンパワーのおかげ」といった揶揄《やゆ》や、「走りに面白味がない」という難癖に近い批判は、この危なげない（ように見える）ライディングに理由の一端があったのかもしれない。

だがそのじつ、彼の走りは絶妙なスライドコントロールや繊細なスロットル操作が外から見るとわかりにくいだけで、たとえばタイヤエンジニアやライバル選手たちがデータを見ると、目を剝《む》くような操作を行っていたことは、後年になってよく指摘されるようになった。これは喩えていえば、〈ファインプレイをファインプレイのように見せないのが、名選手の名選手たる所以《ゆえん》〉という至言とも通底するところがあるかもしれない。

日本でストーナーとブリヂストンが初戴冠

そんなストーナーの特徴が象徴的に表れたのは、第13戦サンマリノGPだ。アドリア海に面したイタリア有数の観光地リミニ近郊にあるこのサーキットは、この年からレースカレンダーに復活した。ここはまた、バレンティーノ・ロッシの住むタヴリアからわずか10㎞程度と非常に近い。

それだけに、この会場は他のどのサーキットよりもロッシファンの占める割合が多い。ロッシ自身も、カレンダー復帰初年度だけに必勝態勢でミザノに臨んだ。しかし、決勝レースではマシントラブルによりあえなくリタイア。思いもしなかった事態に、満場のロッシファンは水を打ったように静まりかえった。そんななかを、真っ赤なドゥカティのマシンを駆るストーナーは、何事もなかったかのように空気を読まず淡々と独走を続け、いままでのレース同様に、圧倒的な大差を開いてシーズン8勝目を挙げた。

チャンピオンを決めたのは、その翌々戦の第15戦日本GPだ。

このとき、レースで優勝したのはストーナーのチームメイト、ロリス・カピロッシ。ストーナーは6位で確実にゴールして、タイトルを確定させた。ドゥカティにとっては、03年のグランプリ復帰から5年目で、王座獲得という悲願を日本のツインリンクもてぎという完全アウェイの地で達成したことになる。

ちなみに、この王座獲得は、彼らにタイヤを提供してきたブリヂストンにとっても、最高峰クラス初制覇という記念すべきできごとだった。ブリヂストンは、1991年に小排気量の125ccクラスで世界選手権への挑戦を開始した。その後、少しずつ経験と実績を積み重ね、2002年からは最高峰クラスへ挑戦。この当時は、フランスメーカーのミシュランが圧倒的な優位を誇っていた時代だ。

歯牙にもかからない状態だったところから、ブリヂストンは少しずつ性能を向上させて自陣営のユーザーを増やしていった。そのブリヂストンとドゥカティがタッグを組んだのは2005年。ミシュラン陣営にいるかぎりホンダとヤマハの後塵を拝する状態から抜け出せないと覚《さと》ったドゥカティは、ブリヂストンでトップになる道を選んだ。

そこから彼らの猛追が始まった。両企業が手を携えて3年目の2007年、ついにドゥカティはライバルのホンダとヤマハを破り、ブリヂストンはタイヤ界の大巨人ミシュランを倒した。ドゥカティにとってはアウェイの地でのタイトル獲得だったが、日本企業のブリヂストンにしてみれば、自分たちのホームで悲願の王座獲得を達成したことになる。ブリヂストンの優勢はなおも続き、09年にはついにMotoGPクラス全体がブリヂストンのワンメークに至るのだが、それはまだしばらく先の話だ。

ラグナセカでロッシの握手を拒否

07年のストーナーとドゥカティ、そしてブリヂストンの三者が見せた圧倒的なパフォーマンスを前に、「ブリヂストンを履かなければ勝負にならない」という雰囲気が醸成され、翌08年は多くの有力ライダーたちが続々とブリヂストンへのスイッチを希望した。

その筆頭がバレンティーノ・ロッシだ。06年と07年の2年連続でタイトルを逃しているだけに、08年こそなんとしても捲土重来《けんどちょうらい》を期したい。ロッシは、このタイヤブランドの情勢変化にもっとも敏感なライダーだった。

もちろんブリヂストンにとっても、ロッシの自陣参加に否やのあるわけがない。ブリヂストンを履いたロッシは、ストーナーと激しい優勝争いを繰り広げた。08年シーズン前半の11レースで、ロッシとストーナーはともに4勝ずつを挙げている。

この前半戦のハイライトになったのが、サマーブレイク直前の第11戦USGPだ。戦いの舞台、カリフォルニアのラグナセカサーキットは、05年と06年にホンダのニッキー・ヘイデンが圧倒的な強さを見せて2年連続優勝を飾った地だ。07年はドゥカティ移籍初年度のストーナーが例によって容赦ないレース運びで、2位に10秒近い差をつけて圧勝した。そしてこの08年のラグナセカでは、後年まで続くストーナーとロッシの相剋《そうこく》を象徴するような戦いが繰り広げられた。

この決勝を、ストーナーはポールポジション、ロッシはその隣の2番グリッドからスタートした。スタート直後から、戦いはこのふたりの一騎打ちとなり、緊迫した攻防が続きながら周回が推移していった。サイドバイサイドの状態から、ロッシがコークスクリューの急坂でイン側のダートへはみ出してストーナーの前へ出る有名なオーバーテイクシーンは、このレース中に発生したバトルだ。

ふたりの争いは終盤まで続いたが、残り9周であるできごとが発生した。ロッシが前、コンマ数秒背後にストーナーという状態で、左へ90度曲がる最終コーナーに入っていったときのことだ。コーナリング動作に入るロッシの後ろで、ストーナーのリアが跳ねて挙動を乱した。バイクを倒しこむ動作に入りきれずにオーバーラン。そのままスピードを落としながらコース外のグラベルへはみ出てしまい、向きを変えてコースへ戻ろうとした際に転倒。即座にバイクを引き起こして復帰したものの、この転倒で勝負は決まった。

ロッシに大差をつけられ、ストーナーは2位でゴールした。クールダウンラップ後、表彰台の3台がバイクを停《と》めるパルクフェルメでは、ロッシが近寄ってきて握手を求めてくると、首を振って差し出された手を拒否した。

「なんだよケーシー、レースじゃないか」

ラグナセカ初勝利の喜びを隠そうともせず、上機嫌で語りかけてくるロッシに対し、

「ふうん。あれがレースねえ。そうかい」

苦笑気味にそれだけ返したストーナーは、握手に応じないままインタビュアーのマイクに向き直った。引き続き行われた表彰式では、両者とも表彰台上で社交辞令的な握手を交わした。だが、その後の取材でもストーナーは自らの主張を変えなかった。

レースは終始クリーンなバトルだったが、「ごくいくつかは限度を超えて強引すぎるものがあった」という内容で、レース終盤の最終コーナーでオーバーランした際の転倒は自分のミスだが、その原因は「前のバレンティーノがブレーキングで煽ってきたので行き場がなくなったから」という論旨は一貫して変えなかった。

一方のロッシは、互いに何度トップを入れ替えたか憶《おぼ》えていないくらい高水準の戦いで、「ブレーキングは自分の強みなので、その武器を最大限に利用した」と述べたが、「毎周同じところでブレーキングをしていたので、とくに変わったことは何もしていない」と言明している。このときのできごとは、それ以上の大事に発展するには至らなかった。

だが、その後も彼らふたりのライバル関係は、小さなとげが常にどこかに刺さっているようなぎこちなさを残しながら推移してゆく。その角逐がやがて、２０１１年のヘレスサーキットでストーナーからの強烈な意趣返しとして顕在化するのは、必然的な成りゆきだったかもしれない。

2008年ラグナセカの有名なオーバーテイク。13年にはマルケスがまったく同じ場所でロッシに同じオーバーテイクを仕掛けた。

レース中に嘔吐《おうと》しながらも3位表彰台

この08年シーズンのストーナーは、６勝を含む11表彰台で年間ランキング2位。翌09年は優勝4回、2位1回、3位3回という成績で、ランキング4位で終えた。

この09年シーズンについては、第6戦のことを記しておこう。6月中旬に行われたカタルーニャGPでストーナーは3位に入ったが、決勝後の表彰式を終えて記者会見に登場したときの彼の顔色は、明らかに普通の状態ではなかった。

通常、レース直後の選手たちは、流れる汗をタオルで拭いながら上気した表情で質疑応答に応じる。だが、このときのストーナーはいつもの彼には珍しく疲労困憊《こんぱい》しきった様子で、顔色も青白く、話すのも苦しげな様子だった。そして、決勝レースの最中にヘルメットの中で嘔吐していたことを明かし、体調不良を理由に会見場を中座した。その後の数戦はレースに参戦したものの、8月からは精密検査と休養のため、3戦を欠場した。

復帰したのは10月上旬のポルトガルGP。この復帰の際にストーナーは、精密検査の結果、極度の疲労や体調不良の原因は乳糖不耐症（ある消化酵素が充分に機能しないことによる消化器などの不調）によるものと判明した、と明かした。

体調管理を行いながら挑んだ10年は、9戦で表彰台を獲得。だが、優勝したのは終盤3レースのみで、年間ランキングは4位。やや生彩を欠くシーズンだった感は否めない。

ストーナーはこの年かぎりでドゥカティを去り、翌11年はホンダファクトリーのレプソル・ホンダ・チームへ移ることを発表した。チャンピオンを獲得したファクトリーチームからライバル企業のファクトリーチームへ移籍するこのニュースは、当然ながら大きな注目を集めた。ストーナー自身にとっても、心機一転の環境だ。

初年度にホンダサテライトチームで苦労を積み重ね、ライバルチームのドゥカティファクトリーで実績を上げ、その実力が高い評価を受けてファクトリーライダーとしてホンダへ復帰してきた。このような文脈で考えるならば、この移籍は凱旋《がいせん》といってもいいだろう。しかもこれはオーストラリア人のストーナーにとって、同郷のミック・ドゥーハンが1994年から98年まで5連覇を達成した憧れのチームに加入することをも意味した。

表彰台での「ガンバレ日本」の日の丸

レプソル・ホンダ・チームへ移籍した2011年、ストーナーは開幕戦のカタールGPで優勝を飾った。2位に3・440秒の差を開く圧勝のレース内容だった。

カタールGPは、ナイトレースとして行うことが毎年の恒例になっている。上空のヘリコプターが捉える空撮映像は、砂漠に囲まれたロサイルインターナショナルサーキットの周囲に広がる漆黒の夜闇と、コースを昼間のように照らし出すまばゆい明かりのコントラストがじつに対照的で、幻想的な雰囲気を際立たせる。

レースを終え、カクテルライトに照らし出されるなか表彰式に登場したストーナーは、「ガンバレ日本」と大書された日の丸の旗を表彰台の壇上で大きく掲げた。

決勝レースが行われたのは3月20日、東日本大震災の発生から9日後だった。多くの人々が心細さで気持ちの落ち着かない日々を過ごしていた、まさにその真っ最中の時期だ。未曽有の大災害に襲われた東北地方と関東、そして日本は、この先いったいどうなってしまうのか……。そんな不安が広がっていたのは、なにも日本国内だけではない。レースのために日本から遠く離れたこのカタールを訪れているホンダやヤマハ、スズキ、そして各種サプライヤーの日本人スタッフたちがおしなべて感じていたことだ。やり場のない思いを口に出さないまでも、多くの人が感情を持て余していた。

そんな雰囲気に包まれた週末に、決勝レースで優勝を飾ったストーナーが、「ガンバレ日本」という文字の記された日の丸の旗を持って表彰式に登場したのだ。日本語を解さない世界じゅうのファンやレース関係者は、ストーナーが頭上に掲げた旗の文字を判読できなかったかもしれない。しかし、その意味は即座に彼らにも伝わったはずだ。

人々は壇上に立つストーナー、そして彼の掲げる旗に大きな拍手を送った。

「できもしないことをやるからさ」とロッシに嫌味事件

カタールGPを終え、次戦からは舞台を欧州大陸に移す。開幕戦の2週間後、第2戦スペインGPは、いつものようにイベリア半島南部のヘレスサーキットで開催された。土曜の予選でストーナーはポールポジションを獲得。翌日の決勝レースも優勝候補筆頭、と目されていた。

その決勝レースで事件が起こった。8周目に、後方から追いついたバレンティーノ・ロッシが、1コーナーでインを突いて前に出ようとした。その矢先に、フロントを切れこませて転倒。巻き添えを食う形で、ロッシのアウト側にいたストーナーも転倒した。

このストーナーの姿に、きっと多くの人々が勇気づけられたことだろう。スポーツが持つ普遍的なメッセージの力を象徴する一枚。

駆け寄ってきたコースマーシャルたちに助けられ、マシンを引き起こしたロッシはレースに復帰。しかし、ストーナーのバイクは再始動せず、その場でリタイアとなった。

ロッシは、5位のチェッカーフラッグを受けた。ピットへ戻ると、即座にレプソル・ホンダのガレージへ謝罪に向かった。ヘルメットを被《かぶ》り、レザースーツ姿のまま歩くロッシをたくさんのテレビカメラやフォトグラファーが追う。そのレプソル・ホンダのガレージでは、ストーナーはすでにレザースーツを脱ぎ、チームウェアに着替えていた。

ヘルメット姿のまま謝るロッシに対し、ストーナーは笑顔で握手を受け入れた。そして、

「肩は大丈夫だった？　前から痛めてた場所なんだろ？」

そういって、左手で相手の右肩を何度か軽く叩いた。ロッシのこの右肩は、前年2010年の開幕前に痛めた箇所で、ドゥカティ移籍前の冬に手術を実施した部位だ。すでに治癒しているが、とはいえ、そこに手を触れながら、「大丈夫だった？」とあえて尋ねるのは、自分こそ転倒させられた側であることを考えれば、強烈な嫌味といっていいだろう。

さらにストーナーは笑顔のまま、こう続けた。

「自分の実力ではできないことを、無理にやろうとするからだよ」

ストーナーのことばを一瞬理解できなかったのか、あるいはよく聞こえなかったのか、

ロッシは、「なんだって？」と聞き返している。

ストーナーは、同じことばを繰り返した。

「だから、できもしないことをやろうとするからさ」

そういって、笑みを泛かべたまま踵《きびす》を返し、ピット裏へさっさと歩き去った。ストーナーの去ったピットを、ロッシは悄然《しょうぜん》とした足どりで後にした。

ロッシにしてみれば、狙ったオーバーテイクが自分の力量を超えていたなどと評されるとは、思ってもいなかったに違いない。歯嚙《はが》みしたいほどの屈辱を感じたであろうことは、容易に想像できる。しかし、転倒の過失は自分にあり、相手に謝罪をする立場だけに、この強烈な意趣返しに対していい返すわけにもいかない。

だが、9回も世界チャンピオンを獲得した人物に、嫌味たっぷりの笑顔でそんな科白《せりふ》を平然といってのけることができる人物は、ストーナーのほかにいないだろう。

ちなみに、この11年シーズンに10勝を挙げて王座に就いたストーナーは、全17戦中の16戦で表彰台を獲得している。表彰台を逃したのは、唯一、ロッシ転倒の巻き添えを食ったこのスペインGPのみである。

原発事故の日本に行く気持ちを正直に語る

何に対しても物怖《ものお》じせず、忌憚《きたん》のない物言いは、彼の性格の一面をよく表している。その一方で、誠実で正直な態度もまた、ケーシー・ストーナーという人物を特徴づける要素のひとつだ。そんな彼の性格がよく表れている事例を、ひとつ紹介しておきたい。

2011年は、シーズンが進むにつれて「日本に行きたくない」というライダーたちの声が次第に大きくなっていった。どうやらツインリンクもてぎは、事故を起こしたあの福島第一原発と距離的に近いらしく、もてぎへ行くと原発事故の影響で自分たちも被曝《ひばく》する可能性が高そうだから、というのがその理由だ。

いまから考えれば、過剰反応というほかない。だが、あの当時は日本国内ですら、客観的な観測データと科学的知見に基づいて活動する専門家たちを御用学者呼ばわりしたがる風潮の強かった時代だ。日本以上に情報量の乏しい欧州では、冷静に事態の推移を見守る人たちがいる一方で、煽情的で怪しげな風説も流布し、それに翻弄される人々も少なからずいた。誤解や曲解をときほぐそうとしてみたところで、話は噛みあわないまま平行線を辿《たど》るだけだったり、強い感情の奔流に議論が押し流されることも往々だった。

〈ガンバレ〉と口では応援し、〈With you Japan〉とマシンにステッカーを貼って走行しながら、その一方では根拠の怪しい風説に左右されて日本へ行くのが恐《こわ》い、という。そんな彼らに対し、「いつもたゆまぬ応援と支援をしてくれることには、日頃からとても感謝をしています。しかし、その一方で日本GPへ行くのが恐い、というあなたがたの言動は矛盾しているのではないですか」、そう問いかけてみたことがある。

社交辞令のような返答に終始しながら話を逸《そ》らす選手がいた。「ぼくも同じ意見」とだけ述べて、面倒な意思表示を避ける選手もいた。そんななか、ストーナーは視線を逸らさずに真っ正面からこちらを見て、自分の意見を正直に開陳した。

日本の復興を願う気持ちに偽りはない。支援を続けたい気持ちにもウソはない。ただ、いまの日本に何より大切なことは、もとの姿を取り戻すことであり、自分たちが日本に行くことが復興の一助になるのかどうかは慎重に見極める必要があるかもしれない――。

落ち着いた口調でそう話すものの、その内容には明らかに理路のほころびがある。とはいえこちらから投げかけた問いは、選手たちを論難することが目的だったわけではない。ストーナーが質問に対して誠実な態度で答えていることは、充分に感じ取れた。

その後、多少の紆余曲折はありながら、秋の日本GPは無事に開催された。そのレース後にも改めて、「当初に感じていた不安と比べてみて、じっさいにもてぎでレースを終えたいま、日本に対するリスク評価は変わりましたか」と投げかけてみた。

このときも、ストーナーはこちらの質問に対して何ひとつはぐらかすことなく、彼が以前に抱いていた印象とレース後の考えの落差を、包み隠さず真摯な口調で述べた。

「ぼくの意見としては……、何ヶ月も前から選手たちは（日本に行かなければならないという）圧力を感じていて、当時は状況がまだはっきりしていなかったので、各自が自分たちの周りの信頼できる人たちに情報を教えてもらいながら、判断をしようとしていた。時間の経過とともに状況も明らかになってきたので、（日本に行こうと）決断するのはとくに大変なことではなかった。でも、皆がぼくたちに圧力をかけてきた段階では、まだ状況が明確ではなかった、ということなんだ。じっさいにこうやって日本へ来てみると、何も問題はなく、すべて普通であることもわかった。断定的なことはまだいえないにしても、以前と同じで何も問題はないようだし、来年にはさらに状況が明確になっていると思う」

彼の正直で誠実な態度に、いまも心から強い敬意を抱く所以である。

そしてこのレースの翌戦、2週間後の母国オーストラリアGPで、ストーナーは自身2回目となる最高峰クラスチャンピオンの座に就いた。ドゥカティでタイトルを獲得した07

年以来、このホームＧＰで彼は毎年勝利を挙げ続けている。

ホンダの破格の契約提示にも、引退の決意揺るがず

その翌年、12年シーズンも連覇を期待されたが、シーズン序盤のフランスＧＰで突然の引退を発表したのは、この章の冒頭に記したとおりだ。

開幕戦カタールＧＰは３位、第２戦スペインＧＰと第３戦ポルトガルＧＰでは連勝。このときすでに、翌13年のオファーをホンダから受けていたという。提示された契約金も、破格の高額だったという話だ。しかし、ストーナーの心中はこのときすでに、引退する方向でほぼ固まっていた。もしもここで決意を翻せば、金のために己の気持ちにウソをつくことになってしまう。それをよしとしない潔さもまた、じつにストーナーらしい。

破格の契約金提示で自分を高く評価してくれたことに感謝しつつ、ストーナーはＨＲＣ副社長中本修平に対して引退の決意は揺るがないことを伝えたという。

シーズン中には腕上がり（酷使などによる腕の筋肉疲労）や脚の負傷などもあって、前年のような破竹の連勝劇には至らず、連覇達成はならなかった。それでも、シーズン終盤のオーストラリアＧＰでは、２位に９秒の差をつけて、現役最後のホームレースを圧勝で飾

った。２００７年のドゥカティ時代以来６年連続の地元優勝達成である。

最終戦バレンシアＧＰは、３位で終えた。この年は５勝を含む10表彰台で、年間ランキングは３位。現役最後のレースを表彰台で飾ったストーナーの目に涙はなく、その表情からはくつろいだ自然な笑みがこぼれていた。

２０１２年シーズン最後のレースを終えた翌日。月曜日のバレンシアサーキットは前日までの賑《にぎ》わいとは対照的に、人の出入りが少ない。また、日曜までのピンと張り詰めた緊張感とは裏腹に、祭りの後のような少し気の抜けたのんびりした平穏な雰囲気が漂う。

圧倒的な記録とともに11年間を駆け抜けたケーシー・ストーナーは、日々の生活を過ごしたモーターホームのあとかたづけを行っていた。火曜からは、来シーズンに向けた２日間の事後テストが、各チームとも新体制で行われる。かたづけを終えたストーナーは、友人や知人への挨拶をひとわたりすませた昼すぎにサーキットを後にした。

そしてその時刻、前日までストーナーのいたレプソル・ホンダ・チームのピットガレージでは、翌年から最高峰クラスへ昇格する19歳のマルク・マルケスが、翌日からのテスト走行に備えてチームとミーティングを行っていた。

第4章　ホルヘ・ロレンソ

1987年5月4日生まれ、スペイン、パルマ・デ・マヨルカ出身。2002年スペインGPで15歳の誕生日を迎えて125ccクラスに出場し、グランプリデビューを果たす。05年に250ccクラスへステップアップし、06年と07年の2年連続で年間総合優勝。08年にMotoGPクラスへ昇格。10年、12年、15年にチャンピオンを獲得した。19年末に引退。

日本GPの事故で走りが変化

ホルヘ・ロレンソが己のライディングを顧みる大きな転機になったレースは、2005年の日本GPだったという。

この年は、ロレンソが125ccクラスから250ccクラスへステップアップした最初のシーズンだった。当時の彼はこの中排気量クラスで優勝こそまだ経験していなかったものの、ポールポジションと表彰台はともに複数回獲得していた。小排気量時代から培ってきた自信がどんどん深まっていた、いわばそんな時期だ。

この時期のロレンソはすでに、後年に彼の代名詞になる〈Por《ポル》 Fuera《フエラ》〉（大外からのオーバーテイク、の意）を、自らのキャッチフレーズにしていた。そして、レース中のバトルの際にも、相手選手と接触するような強引な勝負を平気で仕掛けていく傍若無人な乗りかたを、自らの「スタイル」と自認していた。その荒っぽいライディングには当時から批判も少なくなかったが、「それならば実力でねじ伏せてみろ」といわんばかりの反発を示し、他のライダーや関係者からの苦言にも聞く耳を持たなかった。

そんな矢先に、日本GPの決勝レースでアクシデントが発生した。秋空のツインリンクもてぎで、ロレンソは三つ巴の激しい2位争いを繰り広げていた。バトルが最高潮に達した最終ラップ、バックストレート手前の右へ小さく旋回するヘアピン進入で、強引に後方からイン側へマシンをねじこもうとした矢先だった。減速が充分ではなかったため、左斜め前にいたマシンを大きく弾き飛ばして自分自身もその接触で転倒し、リタイアとなった。

この軽率な過失を重く見たレースディレクションは、ロレンソの次戦参戦を取り消す処分をくだした。自分のスタイルと自負していたはずのライディングや勝負の方法は、はたして本当に妥当なものだったのか。出場停止処分期間中にロレンソは熟慮し、真摯に反省をしたという。そしてその結果、「これからはクリーンなファイトスタイルに切り替えなければならない」という結論に至った。

このエピソードは、後年になって他のライダーから危険な勝負を仕掛けられた場合に、必ずといっていいほど自らの転換点として例に挙げた。そして、「二輪ロードレースは格闘技のようなコンタクトスポーツではない」「ほんの少しのミスでも重大な事故に繋がる可能性があることを認識しなければならない」と、相手に対して猛省を促した。

彼自身についていえば、この反省を経た結果、クリーンなファイトを信条としながらも向こう気の強さを併せ持つという、ユニークなスタイルの選手へ成長していった。

ストーナー、ペドロサとの激戦を制して有名に

そんなホルヘ・ロレンソが、グランプリシーンに最初に登場したのは２００２年。最高峰クラスが２ストローク５００ccから４ストローク９９０ccのＭｏｔｏＧＰへ移り変わっていった節目の年だ。

このシーズンは、鈴鹿サーキットの日本ＧＰで開幕した。ロレンソは１２５ccクラスのデルビファクトリーチームからエントリーすると公表されていたが、ピットボックスに彼の姿はなかった。まだ14歳で、ルールが定める参戦最低年齢の15歳に達していなかったためだ。開幕戦のガレージにいたのは、チームメイトでデルビのエース、宇井陽一だ。

宇井は、２０００年と01年に僅差でチャンピオンを逃し、２年連続のランキング２位で終えている。当時の１２５ccクラスでは優勝候補筆頭のトップライダーで、デルビファクトリーのエースとして遇されて当然の実力選手だった。その宇井のチームメイトのシートを与えられてデビューする、という事実だけでも、ロレンソに対する期待の高さがわかる。

第２戦の南アフリカも欠場した。ようやくデビューを果たしたのは、アンダルシア地方のヘレスサーキットで開催された地元グランプリ、第３戦スペインＧＰだ。

金曜の走行は参加を見送ったものの、15歳の誕生日を迎えた土曜から晴れて参加が可能になった。このレースは22位で完走。以後も、経験豊富な選手たちに揉《も》まれながらポイント圏内に届くかどうかというレースが続き、ランキング21位でデビューイヤーを終えた。

翌03年も、シーズン序盤から転倒リタイアや、完走してもポイント圏外で終えるレースが続く。当時の彼は、期待度の高さに実力がまだついていかない、よくいる未熟な若手ライダーのひとりにすぎなかった。存在感もけっして強かったわけではない。そんな状態から、一気に彼の名を世に知らしめるきっかけになったレースが、第12戦のリオGPだ。

ケーシー・ストーナーの章でも記したが、このときの125ccクラス決勝では、ロレンソやストーナー、ダニ・ペドロサ、アンドレア・ドヴィツィオーゾという、後に最高峰クラスで好敵手として激しい戦いを繰り広げる顔ぶれが、コーナーごとに順位を入れ替えるバトルを最終ラップまで続けた。その大接戦を制したのがロレンソだ。一度も表彰台を獲得したことのない少年が125ccクラスのトップライダーたちに割って入り、しかもいきなり優勝したのだから、パドックのレース見巧者たちがこの快挙に驚いたのも無理はない。

この勝利で、ロレンソは注目を集めるライダーの一角に浮上した。とはいえ、まだかなりの荒削りであったことも事実だ。この年は、以後のレースで3位表彰台を一度獲得したのみの、年間総合12位という成績で終えた。翌04年は安定感を増し、3戦で優勝を飾ってランキング4位。そして05年に250ccクラスへのステップアップを果たす。

250cc連覇でロッシのチームメイトに

250ccクラス初年度はホンダのマシンで参戦した。だが、このシーズンのホンダ陣営トップチームは、ダニ・ペドロサと青山博一《ひろし》の所属するテレフォニカモビスター・ホンダ250。また、04年に125ccクラスを制したドヴィツィオーゾも、チーム体制をそのまま持ち上がる格好で中排気量にステップアップしていた。アプリリア陣営にはルーチョ・チェッキネロ・レーシングのケーシー・ストーナーがいた。

この当時からロレンソの鼻っ柱の強さはすでにパドック内でも評判だったが、あるチーム関係者がこんなことを話していたのが印象的だった。

「セッション中に、ピットボックスへ戻ってくると『こんなセットアップじゃ走れない、あそこをこうしてくれないとタイムを出せない』とホルへはいろんなことをいう。しかし、とりあえずいうだけいわせておいて、とくにセットアップも変えずに『じゃあ、走っておいで』というと『はい』と素直に出てゆく。あれでけっこう、愛嬌のあるライダーなんだ」

そして、冒頭に記したとおり、この年のシーズン終盤にはやや乱暴な乗りかたが裏目に出て、1戦出場停止という厳しい処分を受ける。チャンピオンはペドロサが獲得し、ランキング2位がストーナー、3位はドヴィツィオーゾ、4位に青山。ロレンソは5位で中排気量クラスの初年を終えた。

翌06年にロレンソは、チームごとアプリリア陣営へスイッチした。それまでのシーズンとは一転した高い安定感を発揮して8勝を挙げ、初めての年間総合優勝を達成。明くる07年もシーズン9勝で連覇を成し遂げた。

250ccクラスで大きく成長したロレンソは、タイトルを獲得した06年頃から最高峰へのステップアップが取り沙汰されはじめた。なかでも、どうやらヤマハが彼に興味を示しているらしい、という噂《うわさ》は、いつしか公知の事実のように語られはじめていた。

ロレンソが250ccクラスの連覇に向けて、順調に勝利を重ねていた07年のことだ。7月下旬のアメリカ・カリフォルニア州ラグナセカサーキットに、ロレンソの姿があった。同地で行われていたUSGPは、MotoGPクラスのみの開催で、250ccのライダーだったロレンソは、本来ならそこにいるはずのない人物である。

とはいえ、中小排気量クラスはひと足早く夏休み期間に入っている。とくに身を隠す必要もない。巨大テント型のプレスルームへなにげなく顔を出したロレンソは、そこに居合わせたレジェンドライダー、〈キング〉ケニー・ロバーツと談笑するひとこまもあった。

その後、プレスルームで取材に応じた彼は「レース見物に来ただけだよ」と話した。それが表面上の理由にすぎないことは、事情を知る者には明らかだ。後年にロレンソ自身が明かしたところでは、このときに訪米した最大の目的はやはり、翌08年からのヤマハMotoGPファクトリーチーム昇格に際して、契約の詰めを行うためだったという。

初年度からロッシと〈壁〉で分断

ホルヘ・ロレンソが08年にMotoGPクラスへステップアップしたことは、ゴシップ好きの欧州レースメディアにさまざまな話題を提供した。

06年と07年の2シーズンに中排気量250ccクラスを圧倒的な勝利数で連覇した事実は、最高峰昇格には充分すぎる実績で、これに対しては誰にも異論はなかった。皆が注目したのは、ロレンソが所属するヤマハファクトリーチームには、MotoGP界の生ける伝説、バレンティーノ・ロッシがいる、という事実だった。

スーパースターのロッシは、一挙手一投足が常に大きな関心を集め、その発言も大きな影響力を持つ。また、彼はその時々のライバルに対して強烈な闘争心を掻《か》き立てることで己のモチベーションを高く保つことも、広く知られている。

08年当時のロッシは29歳。最高峰クラス9年目のシーズンで、体力知力経験のすべてが、いわば脂の乗りきった絶頂期である。一方のロレンソは、中排気量クラスを連覇して最高峰へデビューしようという20歳の若者にすぎない。そのロレンソに対して、ロッシは強烈なライバル意識を燃やした。

ヤマハは、次の時代を担うライダーを必要としていた。それがロレンソを抜擢した理由のひとつであり、ロッシもそのことを敏感に察知していた。だからこそ、自分の地位を脅かしかねない若いロレンソの擡頭を警戒し、敵愾心と露骨なライバル意識をあらわにした。

このシーズン、ロッシはブリヂストンタイヤを装着し、一方のロレンソはミシュランタイヤを使用していた。その事情については、少し説明の必要があるかもしれない。

ヤマハへ移籍してきた2004年と翌05年に王座を獲得したロッシは、06年はニッキー・ヘイデンに、07年はケーシー・ストーナーにタイトルを奪われていた。それだけに、この08年こそは、なんとしてでも王座を奪還しなければならない。そのために、ロッシはタイヤをミシュランからストーナーと同じブリヂストンへスイッチした。これは、昨年度

ロッシと完全に隔たれたロレンソのピットボックス。2008年のバイクナンバーは中小排気量時代と同じ48番。翌09年に99番へ変更し、引退までこの番号を愛用する。

王者と同一条件で争えば自分は絶対に負けない、という強烈な自信の表れでもあった。

一般的に、タイヤメーカーは、ひとつのチームに選手が複数名いる場合は、全員に同じタイヤを供給する。しかし、この年のヤマハファクトリーチームは、上記の事情により、ロッシがブリヂストンへ鞍替《くらが》えした一方で、チームメイトのロレンソは従来どおりにミシュランを使用する、という変則的な体制になった。

それに伴い、チームのピットガレージは高い衝立《ついたて》で両選手のあいだを仕切ることになった。

異なるタイヤメーカーの情報をそれぞれ秘匿するため、というのがその理由だ。しかし同時にその衝立は、ロッシのライバル意識と、その反作用としてロレンソが抱く対抗心、というふたつの強い個性を衝突させない緩衝材としての〈壁〉の役割も果たしていた。

ひとつのファクトリーチームのガレージで、この〈壁〉がふたりのライダーとチームスタッフたちを隔てているさまは、ピットの外から眺めるかぎりでは、なかなかに異様な光景で、当時の両ライダーの反目を何よりもよく象徴しているように見えた。

じっさいに、ロレンソは最高峰クラスにデビューした瞬間から、ロッシが強烈に意識せざるをえないほどの高いパフォーマンスを発揮した。デビュー戦の開幕戦カタールGPから第3戦のポルトガルGPまで、3連続ポールポジション。レースリザルトは、デビュー戦で2位表彰台、第2戦で3位、そして第3戦ではついに優勝を達成した。ロッシが警戒するのも当然であることを、自らの走りで証明してみせた格好だ。

しかし、好事魔多し、である。

次の第4戦中国GPで、初日金曜の走行の際にバイクから大きく宙に振り飛ばされるハイサイドクラッシュで左右の両足を負傷した。しかし、そんな満身創痍《そうい》の状態でも、ロレンソはチームスタッフの手を借りてマシンに跨がり、日曜の決勝に臨んだ。結果は4位。

この年にチームの総監督を務めていたヤマハ発動機の中島雅彦は、「シーズン序盤の活躍、3連続ポールから3戦目で勝ってしまう適応力の高さには驚いた」と述べた。

「下のクラスから上がってくる若いライダーをいままで何人も見てきたけれども、1年目はたいてい、壁にぶち当たるものなんですよ。序盤3戦の走りには驚きましたが、でも、やっぱり『ああ、その壁はやはりホルヘにもあったんだなあ』とも思いました」

この中国での転倒について、中島はそう話した。

その後、ロレンソは第11戦USGPの際にも派手なハイサイドで転倒を喫し、レースを1周目でリタイアした。そのときがおそらくロレンソにとって、シーズンの底だったのだろう、と中島はいう。その後のロレンソは、夏休み明けのサンマリノGPとインディアナポリスGPでは、2位と3位の連続表彰台を獲得し、復活を見せている。

「怪我《けが》をしてうまくいかない時期が長引くと、落ちこんでしまってなかなか這《は》い上がれないものなんですよ。だけど、さすがに250ccクラスでチャンピオンになったのはダテじゃない。ホルへのただものではない精神力の強さを感じましたね」


鎖骨骨折の手術をした翌日の決勝で5位!

ロレンソは、この5年後にはさらに強靭《きょうじん》な精神力を見せる。

2013年の第7戦、アッセンでのオランダGPで初日午後の走行中に転倒し、左鎖骨を骨折したときのことだ。負傷部位を手術する必要があるため、通常ならば以後のセッションはすべてキャンセルして、その大会はそのまま欠場をする。ロレンソの場合も、この日の転倒後は夕刻のうちにバルセロナへ飛んで、夜中の2時から2時間の手術を敢行した。施術内容は、骨折した箇所にチタンプレートを挿入し、8本のスクリューで固定するという措置で、鎖骨骨折としては標準的なものといっていいだろう。

だが、そこから先の対応が皆を驚かせた。午後3時のフライトでバルセロナを発《た》ち、6時過ぎにアッセンへ戻ってきたのだ。決勝日朝のメディカルチェックで走行OKとの診断を受けたロレンソは、午前のウォームアップ走行に参加し、このセッション終了後に受けた再度の診断も無事にパス。決勝レースは、5位でチェッカーフラッグを受けた。

レースを終えてピット前へ戻ってきたロレンソは、バイクを停め、その上で深くうなだれた。チームのスタッフたちは、降りることもできないほど憔悴《しょうすい》しきった彼を乗せたままの状態で、バイクをピットボックスの中へ運び入れた。

ボックス内で、自らの椅子へ場所を移したロレンソに中島が歩み寄る。

「ヒーローだよ……」

多言はいらない。鋼の意志で走りきった男には、そのひとことで充分だっただろう。

この後、定例の囲み取材がヤマハのホスピタリティ施設内で行われた。ホスピタリティには、いつも以上に大勢の取材陣が詰めかけていた。ロレンソが現れたのは、予定時間を少し遅れていたかもしれない。スタッフが運転するスクーターの後部座席から降り、ホスピタリティに入ってきたロレンソを、満場の拍手が迎えた。

「今回の5位は、優勝よりも価値が高いと思う」

取材陣に囲まれたロレンソは、少し照れたような笑みを泛かべてそう述べた。

ついにロッシを超えてヤマハのエースに

デビューイヤーの2008年に話を戻そう。このシーズンのロレンソは、ランキング4位で終えた。チャンピオンシップはロッシが制し、3年ぶりの王座に就いた。

翌09年は、全選手がブリヂストンのワンメークになり、ロレンソは完全にロッシと同一条件のマシンパッケージになった。そして、最高峰クラス2年目の習熟とも相俟って、彼らはチームメイト同士で激しいタイトル争いを繰り広げてゆく。チャンピオンを争う直接のライバルになったことにより、ふたりの関係はさらに一触即発の度合いを高めていった。

この年のカタルーニャGPは、ふたりのそんな張り詰めた緊張関係を象徴するレースになった。勝負は、ロレンソとロッシの2台があっさりと後続を引き離した。トップを入れ替えながらバトルを続ける一騎打ちで、最後の2周はロレンソがロッシの前を奪うと即座にロッシも反応する、という固唾《の》を呑む展開だった。

最終ラップの最終コーナーでは、前にいたロレンソが最後まで抑えきるかと見えた。その一瞬。ロッシがイン側へ飛びこんでコーナーを先に立ち上がり、0・095秒早くチェッカーフラッグを受けた。

シーズンの推移も、まさにこのレース内容と同様に、緊迫した展開になった。最後はロッシがロレンソを凌ぎきり、2年連続、通算9回目の世界タイトルを獲得した。

だが、翌2010年はロレンソのシーズンになった。年間18戦中9勝。表彰台を逃したのは2レースのみ。しかも、その2回とも4位でゴールする驚異的安定度でチャンピオンに就いた。タイトルを決めたのは、最終戦まで3レースを残した第15戦マレーシアGPだ。

王座に就いたそのマレーシアGPの決勝日夕刻。ロレンソはチャンピオン獲得記者会見の終了間際に、チームマネージャーのウィルコ・ズィーレンバーグを壇上に呼んだ。ロレンソが口火を切ったのだったか、あるいはズィーレンバーグが誘いかけたのだったか。いまとなっては記憶が定かではないが、ふたりはいきなり壇上で、クイーンの〈We Are the Champions〉を歌いはじめた。拳を振りながら、しかし微妙に調子っぱずれな音程が微笑《ほほえ》ましく、そんなところからも彼らの人柄の一面が窺えるような気がした。

そしてその年をかぎりに、バレンティーノ・ロッシはヤマハファクトリーチームを離れ、ドゥカティへ移籍した。

ヤマハからドゥカティへ移籍

ヤマハのオートバイは昔から、〈コーナリングマシン〉〈ハンドリングに優れたバイク〉と表現されることが多い。これは、高い旋回性能やアジリティ（機敏な切り返し）を活《い》かす走らせかた、つまり、レールの上をきれいにトレースしていくように滑らかなライン取りで走行することがもっともタイムを稼ぐ方法である、ということだ。そして、ホルヘ・ロレンソのライディングスタイルは、まさにその特徴を最大限に活かす走りかただった。

長い直線の終端からスムーズに減速してコーナーへ進入し、高い旋回速度を維持しながら滑らかな加速に繋げて立ち上がってゆく。流れるようなフォームとムダのない走行ラインで、高いアベレージタイムを淡々と刻んで後続たちを引き離していく。それが、ヤマハ

ＹＺＲ－Ｍ１の優れた特性を引き出すロレンソの勝負スタイルであり、勝ちパターンだ。

そうやって、ロレンソはヤマハの武器を最大限に活かすことで２０１０年、12年、15年の３回、世界チャンピオンの座に就いた。ヤマハのマシン特性とロレンソの乗りかたは完璧にマッチし、チームや企業側とライダーの関係も良好だった。おそらくこのまま、彼はヤマハのライダーとして選手生活を最後までまっとうするのだろう。誰もがそう思っていた。しかし、16年にロレンソはある大きな決断をする。ヤマハを離れ、２０１７年にドゥカティへ移籍する、と発表したのだ。

ドゥカティとヤマハは、イタリアと日本という企業風土も異なれば、両社が製造するＭｏｔｏＧＰバイクの設計思想や車輛特性にも大きな特徴差がある。旋回性を活かすヤマハに対して、ドゥカティはエンジンの動力性能を武器にしている。ドゥカティの場合は、強烈なブレーキングでコーナーの奥深くまで突っこんで、コーナー立ち上がりで猛烈に加速して直線のトップスピードへ繋げてゆく。ロレンソがヤマハで培ってきたライディングスタイルとは、いわば１８０度対極にあるマシン特性といっていい。

だが、ロレンソがこのマシンを手なずけて我がものにすれば、卓越したライダーの技倆《ぎりょう》を示すことができる。ヤマハで勝ち、ドゥカティでも勝つことができれば、どのような特

流れるようにスムーズな走りを信条とするロレンソが、動力性能を武器にするデスモセディチを完全に我がものとするまでには、１年少々の時間を要した。

徴のオートバイでも自在に操って勝つことができる実力を満天下に示せるのだ。それが、彼がこの移籍を決意した大きなモチベーションのひとつだった。

一方、ドゥカティの側にしてみれば、スムーズな走りを信条とするロレンソからのインプットを得ることができれば、積年の弱点とされてきた旋回性を大きく改善できるチャンスを得ることになる。しかし、たとえ3回も世界タイトルを獲得した選手といえども、まったくキャラクターの異なるマシンに一朝一夕で順応するのは容易なことではない。

移籍初戦の17年開幕戦カタールGPは11位。第2戦アルゼンチンGPは週末ずっと低位に沈み、日曜の決勝はオープニングラップで転倒。1周もしないままレースを終えた。

第4戦スペインGPのヘレスサーキットでは、「ヤマハ時代にほとんど使わなかったリアブレーキを積極的に使うようになった」と明かした。そのライディング変更なども功を奏して、このレースでは移籍後初表彰台となる3位に入った。

その後、秋の第14戦アラゴンGPで3位、第17戦マレーシアGPでは2位を獲得するが、総じて苦戦傾向の印象は否みがたく、年間ランキングは7位でドゥカティ初年度を終えた。

このシーズンは、思いどおりのリザルトを残せていないことについて、何度か踏みこんだ質問をした。その問いかけのいくつかでは、脚を小刻みに揺する場面が少なからずあった。たとえ微笑んでいても、本当の感情がそこに出ることは長年の取材で察しがつく。

だからといって、彼は回答をいいかげんに切り上げるようなことは一度もしなかった。どんな質問にも率直に、そのときの自分の心境や状態について包み隠さず話した。

このシーズンの最終戦でのことだ。ドゥカティのホスピタリティ施設で決勝レース後の囲み取材を終え、数人のジャーナリスト仲間とともに、「今年も1年間、ありがとう」とロレンソに挨拶をした。ロレンソは「こちらこそ、ありがとう」と返答し、重ねて「この冬は、何をして過ごす予定なんだい」と向こうから尋ねてきた。

ＭｏｔｏＧＰで何度も世界の頂点に君臨したトップライダーが、同国人ですらないジャーナリストに対し、そんな気さくな態度で雑談を投げかけることなどまずありえない。とくにロレンソの場合は、小中排気量時代の不遜な態度や、一時期のロッシとの確執などの印象が強いためか、いまだに一部では高慢なライダーという印象を持たれがちだ。しかし、彼の実像には、そんなふうに飾り気のない気さくな一面があるのも事実だ。

ドゥカティCEOに優勝でしっぺ返し

ドゥカティ2年目の２０１８年は、ロレンソにとって正念場のシーズンになった。

シーズン序盤は前年同様に苦しいレースが続いた。開幕戦から第4戦までの成績は、転倒―15位―11位―転倒。第5戦のフランスＧＰは6位で終えたが、ドゥカティＣＥＯクラウディオ・ドメニカリは「ホルヘは偉大なライダーだが、我々のマシンを存分に速く走らせきっていないようだ」と、辛辣なコメントを発した。

このことばにロレンソは反発した。次のイタリアＧＰでは、前週のＣＥＯ発言に対して「ぼくは別に偉大なライダーじゃない。チャンピオンなんだ」とやり返した。

このイタリアＧＰの開催地ムジェロサーキットは、ドゥカティが長年、テストコースとして使用している。しかも、本社所在地ボローニャのボルゴ・パニガーレからは車で1時間程度の至近距離にある、まさに庭のような場所だ。その会場で開催されるグランプリは、ドゥカティにとってシーズン全戦のなかでもっとも重要な大会、といっても過言ではない。

そこで行われた日曜の決勝レースで、ロレンソはついに優勝を達成した。CEOの嫌味に対して、ライダーの立場から最高の形でしっぺ返しを食らわせた格好だ。そして、そのレースが終わった2日後には、翌年からレプソル・ホンダ・チームへ移籍すると電撃発表。さらに世界じゅうの度肝を抜いた。

話は続く。イタリアGP翌戦のカタルーニャGPでは、ドゥカティ移籍後の初ポールポジションを獲得。その勢いのまま、決勝レースでも優勝して2連勝を飾った。シーズン終盤には怪我をして数戦で欠場したため、ランキングは9位で終えることになったが、この2018年はライダーの高い能力を存分に見せつけた一年だったといっていいだろう。

ホンダ移籍、怪我、そして引退

レプソル・ホンダ・チームに移籍した19年、ロレンソは18年目のシーズンを迎えた。

2002年に15歳でデビューして、年齢はすでに30歳を過ぎている。ヤマハで3回の世界タイトルを獲得し、マシン特性のまったく異なるドゥカティでも優勝を成し遂げたロレンソが、はたしてホンダでどこまでのパフォーマンスを発揮するのか。しかもチームメイトは、2013年に史上最年少記録を次々と更新して王座に就いて以来、14、16、17、18年を制覇したマルク・マルケスである。開幕前から大いに期待が高まった。

しかし、ロレンソはプレシーズンのトレーニングで左手を負傷。万全ではない状態で開幕を迎えることになった。10位以下で終える厳しいレースが続き、6月末の第8戦オランダGPでは、初日の走行で転倒を喫した。

大きくもんどり打ってTTサーキットアッセンのコースサイドを転がりながら、「こんなに辛《つら》く苦しく痛い思いをしてまで、リスクを賭けて走り続ける必要があるのか……」という思いが頭の隅をよぎったという。

この転倒が原因で背中を痛めたロレンソは、次のドイツGPを欠場。レースへ復帰したのは約2ヶ月後、8月の第12戦イギリスGPだった。体調はまだ万全ではないものの、来季末までの2年契約を完遂する意志を明らかにし、根強く囁かれる引退の噂を否定した。

復帰後も背中の状態は完調からほど遠く、ポイント圏内でフィニッシュできるかどうか、という厳しいレースが連続した。その間も年内引退の真偽はさまざまに形を変えて問われ

レプソル・ホンダとは２年契約を締結していたが、結局１シーズンを走ったのみで引退を決意する。最高峰クラスの成績は優勝47回、２位44回、３位23回。

続け、そのたびにロレンソは婉曲《えんきょく》にあるいは直截《ちょくせつ》に現役続行の意思を表明し続けた。

だが、おそらく彼の内心では、アッセンで転倒した際に脳裏をよぎった疑問を何度も反芻《はんすう》し、完治しない背中と向上しない成績の狭間《はざま》で自分自身に問い続けていたのだろう。

最終的に決断したのは、最終戦のひとつ手前、マレーシアGPを終えた日曜午後だったという。最終戦バレンシアGPの直前に、レースを運営するDORNAから「ロレンソが会見を開く」という旨の告知があった。

この報《しら》せで、皆が引退を察知した。地元スペイン、しかも故郷のマヨルカに近いバレンシアGPでの発表だった。走行が始まる前日の木曜に行われた引退会見で現役生活を退く決意を述べた際には、満場の関係者や記者席からしばらく拍手が鳴《な》り止《や》まなかった。

日曜の決勝レースは、13位でチェッカーフラッグを受けた。最後のレースを走り終えたロレンソの囲み取材で、彼にひとつ、質問を投げかけた。

「くだらない質問に聞こえたのなら、もうしわけないんだけど……」、そう前置きを入れて尋ねると、「くだらない質問なら、くだらない答えしかしないもんね」。そういって混ぜっ返し、悪戯《いたずら》っぽく笑った。

「もし、いまから20年前に時間を巻き戻せるとしたら、もう一度、二輪ロードレーサーを目指そうと思いますか？」

そう問うと、彼は少し考える様子を見せ、そしてゆっくりと口を開いた。

「もしも、20年前に戻ったら……。そうだな。ぼくはやはり、ホルヘ・ロレンソになることを目指すよ」

いつものように茶目っ気のある、清々《すがすが》しい表情だった。

第5章 マルク・マルケス

1993年2月17日、スペイン・セルベラ生まれ。カタルーニャ選手権やCEV（スペイン選手権、現・FIM CEVレプソル国際選手権）を経て、2008年に125ccクラスでデビュー。10年に年間総合優勝。翌11年からMoto2クラスに昇格し、12年にチャンピオン。13年からMotoGPクラスへ参戦。同年に最年少記録を更新して王座に就き、14、16、17、18、19年の6シーズンを制覇。23年まで現在所属するレプソル・ホンダ・チームとの契約を締結している。

肩の手術をふたたび行って臨んだ2020年

まずは、人類史に残る災厄の年に発生した、彼を巡る状況から話を始めることにしよう。最高峰クラスを6シーズンにわたって制覇し、小中排気量クラスも合わせると計8回の年間総合優勝を達成してきたマルク・マルケスは、2020年も当然のようにチャンピオン候補最右翼と見なされていた。

2月にマレーシアのセパンサーキットで行われたプレシーズンテストでは、3日間のスケジュールを終えてトップタイムを記録した選手から0・4秒差という内容だった。じつはマルケスは、前年の2019年シーズン終了後の11月末に右肩の手術をしている。そのリハビリ期間を経た初テストでこの内容は、まずまずといっていいだろう。

3日間のテストを終えたマルケスに、体調はどの程度戻ってきたのか尋ねてみると、何%くらいと表現するのは難しいけれども、と前置きしたうえで、

「とくにこの筋肉（三角筋）だけについていうなら、60%くらいかな」

ということばが返ってきた。

「他の筋肉は、ほぼ100%に近い状態だけど、バイクに乗る際にここ（三角筋）はあま

り影響しないと思っていたら、じつはけっこう影響した。このサーキットは体力的にもっともキツいコースのひとつなので、この3日間はなかなか辛かったけれども、ここで苦労をしておけば、きっと開幕戦のカタールにもうまく対応できるようになると思う」

慎重といえば慎重な返答だ。マルケスは2018年シーズン末に脱臼癖のあった左肩の手術を行い、その後に厳しいリハビリを経て2019年シーズンを迎えた、という経緯がある。そのときも肩の復調に対する懸念はあったものの、レースが始まってみれば開幕戦から表彰台を獲得し、圧勝でシーズンを締めくくった。

そのときのことを考えれば、今回も体調を万全にマネージメントして必勝態勢を整えたうえでシーズンに臨むであろうことはまちがいなく、さほど懸念する必要はなさそうに思えた。しかし、2020年シーズンはまったく別の要素に大きく翻弄されることになった。

この2月セパンテストの段階で、新型コロナウイルスはすでに世界的蔓延の兆候を見せていた。中国の武漢でロックダウン（都市封鎖）が実施された影響などで、マレーシアでもマスクを着用する人々は多数見かけたが、MotoGPのパドックはいつもと同じ風景で、イベント運用の面ではまだ何も影響が及んでいない。

状況が大きく動きはじめたのは、3月からだ。開幕戦カタールGPのロサイルインターナショナルサーキットでは、レースの約2週間前にＭｏｔｏＧＰクラスが最後のプレシーズンテストを3日間行い、次の週に中小排気量クラスのＭｏｔｏ2とＭｏｔｏ3が合同で3日間のテストを実施。そして開幕戦のレースウィークを迎える、という日程だった。

ところが、この最終テストの時期になって、欧州でも新型コロナウイルス感染症の流行が広がりはじめた。とくにイタリアでは、北部ロンバルディア州で医療体制が逼迫《ひっぱく》するなど深刻な事態を迎え、ロックダウンが敢行された。

イタリアには、バレンティーノ・ロッシやアンドレア・ドヴィツィオーゾといったトップライダーたちをはじめ、多くの関係者が暮らしている。また、ドゥカティやアプリリアなどのＭｏｔｏＧＰ参戦企業も本拠地を構えている。イタリア側のロックダウンに加え、レース開催国のカタールがイタリアからの渡航を受け入れない措置を執ったこともあり、ＭｏｔｏＧＰクラスに関わる多くのイタリア人が開幕戦に参加できないことになった。

そのため、2020年の開幕戦カタールＧＰはＭｏｔｏＧＰクラスをキャンセルし、最終テストから現地にずっと居残っているＭｏｔｏ2とＭｏｔｏ3の2クラスのみを行う、という変則的な開催になった。結果的にメインイベントとなったこのときのＭｏｔｏ2クラス決勝では、日本人選手の長島哲太が優勝。10年前に初めてここで行われたＭｏｔｏ2

クラス決勝の際に、長島の親友でいまは亡き富沢祥也《しょうや》が勝ったときの再現のようなレース展開で圧勝する劇的なドラマがあったが、それはまた別の話だ。

このときのロサイルインターナショナルサーキットは、ＭｏｔｏＧＰクラスのピットボックスやチームオフィスなどがことごとく閉鎖されて閑散としたパドックで、プレスルームにも賑やかなイタリアの取材陣がいないため、妙に静かなレースウィークになった。

その後、欧州各国が国境を封鎖して続々とロックダウンを実施し、アジアはもちろん南北アメリカや中東、アフリカと、新型コロナウイルスは地球全土で急速かつ広範に蔓延してゆき、４月頃には世界全体で人の行き来がほぼなくなる事態に至った。

開幕戦を終えたＭｏｔｏＧＰは、第２戦以降のレースを延期する方向で再調整が進められた。やがて、感染防止や衛生管理を維持しながらイベントを開催できる折り合いをつけ、最終版の２０２０年カレンダーが公式に発表されたのは、初夏も近い６月上旬だった。

開幕戦で転倒・骨折。怪我の悪化で王座陥落

新しいスケジュールは欧州のみを転戦し、まずスペイン・ヘレスで７月中下旬に２連戦。その後は各１週間の間隔をあけて、同一会場２連戦とひとつの別開催地という３週連続レ

ースが11月まで4回続き、合計14戦を行う、という非常に変則的で稠密《ちゅうみつ》な日程だ。

MotoGPクラスはカタールGPがキャンセルになっている。そのため、ヘレスサーキットで再開する第2戦のスペインGPが事実上の開幕戦である。欧州のみの転戦とはいえ、二輪ロードレース最高峰のイベントがふたたび始まることは、各国各地のMotoGPファンにはまちがいなく心づよいニュースだったことだろう。

そしてまたこれは、ディフェンディングチャンピオンのマルケスにとっても朗報だったといえる。レースが行われずカレンダーの再調整が進んでいた期間に、リハビリを終え、右肩を完璧な状態に戻してシーズン開幕を迎えることができたのだから。

じっさい、スペインGPがスタートすると、最初の走行の金曜午前フリープラクティス1回目ではトップタイムを記録。土曜午後の予選では、ポールポジションこそ逃したものの、フロントロー3番グリッドで翌日の決勝レースを迎えることになった。

明らかに、体調は完璧にベストの状態へ戻っている。

7月19日午後2時にスタートした決勝レースで、マルケスは序盤からトップグループにつけ、3周目にはトップに立った。いままで何十回と見慣れてきたチャンピオンらしいレース運び……、と見えた5周目に大きく挙動を乱した。あわや転倒という状態から、アクロバットのような天才的バランス感覚でコントロールを取り戻すところもまた、これまでに何度も目にしてきたマルケスの姿だ。

しかし、挙動を乱してからコントロールを取り戻すあいだに順位を大きく落とし、16番手に下げてしまった。そこから猛追を開始し、異次元のペースで追い上げて前の選手を次々にオーバーテイク。レース終盤には表彰台圏内まで順位を回復してしまう。まるで少年マンガのようにドラマチックなこの展開もまた、マルケスにしか実現できない光景だ。

ところが、レースが残り4周となり、直前を走行する選手を追い詰めてついに2番手を襲おうかという瞬間に転倒。もんどり打つようにコースサイドを何度も転がり、その結果、右上腕を骨折してしまった。

2日後の火曜日には、バルセロナで手術を実施。骨折部位にチタンプレートを挿入して、12本のスクリューで固定した。その週の週末には、同じくヘレスで2週連続開催のアンダルシアGPが開催されるが、右上腕をポッキリ折ってしまった以上、この大会はもとより、少なくとも8月いっぱいは欠場を余儀なくされるだろう、というのが大方の見方だった。

しかし、マルケスはアンダルシアGPに強行出場の意思を示した。木曜にサーキット入りすると、サーキットドクターの前で腕立て伏せなどをして走行に支障がないことを示し、セッション参加OKの許可を得た。

だがやはり、手術直後の腕の状態は万全ではなかった。土曜午前のセッションを走行したものの、午後にはそれ以上は難しいと断念して、以後の走行をキャンセル。その結果、開幕2戦は両方ともノーポイントになった。

次のレースは2週間後、8月9日のチェコGPだ。捲土重来を期すマルケスは、可能なかぎり体調を戻して復帰するため、厳しいトレーニングを続けていたようだ。ところが、挿入したチタンプレートにゆがみが生じ、交換再手術を余儀なくされたため、結局、8月のレースもすべて欠場。その後もリハビリに専念して、最終戦まで一度もレースへ復帰することなく、2020年シーズンのマルケスはポイント獲得がゼロのまま一年を終えた。

開幕前には誰も予想できなかった、あっけない王座からの陥落だった。

シーズン終了後の12月上旬に、マルケスは3回目の手術を実施した。結果的に、この骨折はマルケスの競技生活でもっとも大きな負傷になってしまった。

怪我と二人三脚で成長

他の選手の項目でも何度か触れたように、マルケスは最高峰クラスへ昇格した2013

年に数々の最年少記録を塗り替えて王座に就いた。その後も、15年を除けば毎年チャンピオンを獲得し、無敵の王者として現代のＭｏｔｏＧＰ界に君臨してきた。その折々には何度か大きな負傷もあったが、超人的な努力と精神力でそれらをすべて克服してきた。

とはいえ、負傷はある意味でライダーにつきもの、ともいえる。つまり、二輪ロードレースはそれだけ危険と背中合わせのスポーツ、ということだ。そこで世界の頂点を競うＭｏｔｏＧＰライダーたちは、紙一重の領域を常に見極めながら栄光を目指して戦っている。

マルケスの場合は、小排気量の１２５ccクラスで世界選手権に参戦を開始した最初のシーズンから、怪我と無縁ではなかった。ある意味では、彼は怪我と二人三脚で世界選手権を戦い、幾多の困難を乗り越えながら成長してきた、といってもいいのかもしれない。

マルケスがグランプリライダーとしてのキャリアをスタートさせたのは２００８年、15歳のときだ。子供時代からカタルーニャ選手権やＣＥＶで実績を積み、ＭｏｔｏＧＰの世界へ到達した。しかし、そのデビューシーズンは開幕2戦を欠場し、第3戦ポルトガルＧＰからの参戦だった。欠場した理由は、プレシーズンテストで転倒して右腕の尺骨《しゃっこつ》と橈骨《とうこつ》を骨折したためだ。

少々ワケありの世界デビューになったが、この年は第8戦イギリスＧＰでさっそく3位表彰台を獲得している。11歳の頃にマルケスを見いだして支援を続けてきた元125cc世界王者のエミリオ・アルサモラにしてみれば、この参戦初年度の表彰台獲得には「我が意を得たり」との思いを強くしたことだろう。

当時のマルケスは小柄な少年そのものの体格で、ルールが定める選手とマシンの合計最低重量に到達するためには、21kgものウェイトをマシンやライダー自身に搭載しなければならなかった。そのように不利な条件を抱えて、他の選手たちと互角に競っていたのは確かに驚異的だが、多くの若い才能がひしめくこのクラスで強烈な存在感を発揮するほどの輝きは、このときの彼はまだ見せていなかった。しかも、シーズン終盤のマレーシアGPでは、初日の金曜午前に大きな転倒を喫し、右脚の脛骨《けいこつ》と腓骨《ひこつ》を骨折。この負傷により、この日の午後以降の走行と最終戦は欠場することになった。

125cc時代から未来のチャンピオンと目される

翌09年はKTMファクトリーチームに抜擢された。2回のポールポジション（フランスGP、マレーシアGP）と1回の3位表彰台（スペインGP）を獲得し、ランキングは8位。前年よりも成績は上昇しているが、ダイヤモンドの原石が光を放つにはまだ至っていない。

この少年が恐るべき才能をようやく世界に示しはじめたのは、次の年、10年シーズンだ。結果からいえば、マルケスはこのシーズン全17戦で12回のポールポジションを獲り、10勝を含む12表彰台でチャンピオンを獲得した。

「この若い選手は、ひょっとしたらものすごい才能の持ち主なのかもしれない……」と世界が気づいてざわつきはじめたのは、はたしてこの年のいつ頃だっただろうか。すでに10年前のできごとで記憶があやふやな部分もあるが、古い知り合いのスペイン人ジャーナリストから「このライダーは必ず来る。チェックしておいたほうがいいぞ」と注意を促されたのは、シーズン半ばの時期だったように思う。たしか、第4戦イタリアGPで初優勝を飾ってから5連勝の快進撃を続ける途中の、どこかのレースだったような気がする。

「度胸とスピードは一級品、あの才能はホンモノだ。将来、MotoGPのトップライダーになるのはまちがいない」ということばは、同郷ゆえの身びいきという点を差し引いたとしても、マルケス自身が成績で実証しつつあった。同様のことばは何度か、複数のジャーナリストから聞かされた。

2010年当時といえば、最高峰のMotoGPクラスでホルへ・ロレンソやダニ・ペドロサがトップライダーとして活躍していた時期だ。人材が豊富で選手層の分厚いスペインに、さらにまたひとり新たな逸材が登場してきた、というのが、彼らから話を聞いたこのときの正直な印象だった。

このシーズンの125ccクラスで、マルケスはポル・エスパルガロたちを相手に、スペイン勢の三つ巴で激しいタイトル争いを続け、最終戦でチャンピオンを決めた。ちなみに、エスパルガロとマルケスはカタルーニャ選手権時代の2004年に同じチームで切磋琢磨《せっさたくま》してきた少年時代からの好敵手である。

2011年のMoto2クラス昇格にあたり、アルサモラは大手燃油企業や金融機関をスポンサーに据えてチーム・カタルーニャカイシャ・レプソルを結成した。このとき、アルサモラがこのチームに招き入れてチーフメカニックを担当した人物がサンティ・エルナンデスだ。エルナンデスはマルケスがもっとも信頼する右腕として、このシーズン以降現在に至るまで、ずっとグランプリを伴走し続けている。

Moto2昇格初年度にもかかわらず、マルケスはシーズン7勝という卓越した成績を挙げ、才能をさらに開花させていく。だが、この年は僅差でタイトルを逃し、ランキングを2位で終えた。最終戦ひとつ手前のマレーシアGPで転倒を喫した際に、その影響が右目の視神経に及び、シーズン最後の2レースを欠場することになったからだ。シーズンオフには、この右目の焦点がぼやける二重視を矯正する手術を実施した。

選手生命を左右しかねない負傷を経験したマルケスは、精神的にも厳しい試練を乗り越えて、２０１２年に２年目のＭｏｔｏ２シーズンに臨んだ。このとき、彼の年齢はまだ19歳にすぎない。

最後尾から優勝した伝説のレース

右目の手術を無事に終え、二重視の問題を解消したマルク・マルケスは、２０１２年に２年目のＭｏｔｏ２シーズンを迎えた。

開幕戦のカタールＧＰは、予選で２番手タイムを獲得。決勝レースでは優勝し、復活をアピールした。第２戦のスペインＧＰはポールポジションを獲得したものの、０・２秒の僅差で優勝を逃した。このレースでマルケスを抑えて勝利を収めたのは、ポル・エスパルガロ。前述のとおり、子供時代にチームメイトとして切磋琢磨してきた好敵手だ。

ふたりはこの年、激しいチャンピオン争いを繰り広げた。ポールポジション回数は、マルケス７回に対してエスパルガロが８回、という数字からも毎戦の激しい争いが見てとれる。ただし、優勝はマルケス９勝に対してエスパルガロ４勝。この結果を見ればわかると

マルケスは中小排気量時代から才能を遺憾なく発揮した。Moto２時代の２年間全34戦で表彰台登壇回数は25回（74%）、優勝回数16回（47%）という成績を残している。

おり、全体としてはマルケスが優勢にシーズンを進めていった。

チャンピオンを決めたのは、最終戦ひとつ手前のオーストラリアＧＰだった。このレースではエスパルガロがポールポジションからスタートして優勝。マルケスは２位でゴールし、10年の１２５ccクラスに次ぐふたつめの世界タイトルを手中に収めた。

その２週間後に行われた最終戦バレンシアＧＰは、すでにチャンピオンを獲得しているマルケスにとって、いわば消化試合、リラックスして臨めるレースだ。タイトル獲得の凱旋大会として、母国ファンの前に勇姿を披露するための場、といってもいい。

しかし、Ｍｏｔｏ２クラス最後の一戦に、

彼はそのような生ぬるい態度では臨まなかった。このときのレースは、むしろ、マルク・マルケスがマルク・マルケスである理由を象徴するような内容になった。

土曜午後の予選で、マルケスは最速のエスパルガロに次ぐ2番手タイムを記録した。しかし、日曜の決勝レースで彼がついたグリッドは、フロントローの2番手ではなく、最後尾11列目33番手の場所だった。金曜のフリー走行で他選手と接触し、転倒させてしまったからだ。その行為に対するペナルティとして、レースディレクションの下した処分が、この最後尾スタートという厳しい裁定だった。

MotoGPのグリッドは、どのクラスでも3名が1列を構成し、各列のあいだは9m離れている。つまり、ポールポジションのエスパルガロから11列目最後尾グリッドのマルケスまで、90mの距離がスタート時点ですでに開いていることになる。

だが、全27周の決勝レースが始まると、マルケスは猛烈な追い上げを開始した。オープニングラップで22名をオーバーテイクし、1周目が終わった段階ですでに11番手に浮上。まさに、文字どおりのごぼう抜きだ。

プレスルームでは、最後尾スタートのマルケスがはたしてどんな走りを見せるのか、皆が固唾を呑んで見守っていた。猛烈な勢いでコーナーごとに何台も抜き去っていくマルケスの走りに対し、最初のうちこそ感嘆の声が上がっていた。やがて、「ちぎってはなげち ぎっては投げ」というまるで古典落語のホラ話のような展開に、呆れたような笑い声があがり、しまいには新たにひとりオーバーテイクするたびに拍手も起こりはじめた。

ラスト3周ではついにトップに立ち、2番手に1・2秒の差を開いて優勝してしまった。最後尾からスタートしたにもかかわらず、誰よりも先にチェッカーフラッグを受けるというこのときの優勝は、いままでにマルケスが達成してきた数々の勝利のなかでも、もっとも劇的なもののひとつといっていいだろう。

強引なオーバーテイク

後年にもこのときと似たような状況になった際、マルケスはどれほど後方からでも、異次元のスピードでトップを目指して走っていった。しかし、それらは必ずしも、この2012年バレンシアGPのときのような大成功を収めたわけではない。

たとえば、ロッシの章でも触れた2018年のアルゼンチンGPを想起されたい。

あのレースでは、スタート時に犯した過失で、レース中にピットレーンをスロー走行するライドスルーペナルティを科され、最後尾近くの19番手まで順位を下げた。そこから驚異的ペースで追い上げていく集中力とライディング技術は、おそらく他の誰にも真似《まね》できない水準のものだ。しかし、順位を回復して5番手まで追い上げてゆく過程では、他の選手たちなどまるで眼中にない様子でオーバーテイクを仕掛け、危険へ追いやった。

マルケスの側からすれば、充分な安全マージンを取って追い抜いたつもりだったのだろう。しかし、いきなり後ろから強引にねじこまれて無理やり追い抜かれる側にとって、それは駆け引きやバトルという水準を超えるものであったようだ。

しかも、このレースが行われたときは、雨に濡《ぬ》れた路面が乾いていく途中で、ベストのレーシングラインこそドライ状態だったが、少しラインをはずすとウェットパッチが至るところに残っていた。そのような状況下で無茶なオーバーテイクを仕掛けられたのだから、レース後に何名もの選手がマルケスの傍若無人な走りに苦言を呈したのも当然だろう。喩えていえば、高速道路を遵法速度で定速走行している車輌の後ろから、その1・5倍くらいの猛スピードで近づいてきた車がギリギリの車間距離でかすめ去っていくような状況、とでもいえばいいだろうか。

もちろん、追い抜く側も追い抜かれる側も世界最高のテクニックを備えたライダーたちで、際どい勝負は過去に何度も経験している選手ばかりだ。だが、それほどに経験豊富な実力の持ち主たちからでさえ苦言を呈されるほど、このときの彼のライディングと追い上げは自己中心的といわれてもしかたないものだった。

火がつくと異次元の速さを発揮

そして、それが極みに達したのが、ロッシを転倒させた一件だ。

ロッシにしてみれば、とんだとばっちりである。なにしろ、6番手を走行中に後ろから強引にイン側へ突っこんできたマルケスが勝手に挙動を乱し、それを立て直す際に接触されたあげく、自分はコースサイドへ押し出されて転倒してしまったのだ。しかも、転倒後にバイクを引き起こしてレースに復帰したとはいえ、順位はポイント圏外の19位である。

一方のマルケスは、5番手でチェッカーフラッグを受けている。

ピットへ戻ってきたマルケスは、当然ながら即座にロッシのガレージへ謝罪に向かった。大勢のテレビカメラがその後ろをついてゆく。マルケスがロッシのピットボックス前へ赴くと、ロッシの姿はすでになかった。鬼のような形相で待ち受けていたのは、ロッシのパーソナルマネージャーだ。謝罪のことばを述べようとするマルケスの前で仁王立ちになり、一歩もこちら側へ入ってくるな、といわんばかりの激しい剣幕で門前払いを食わせた。

この日の夕刻にロッシは、マルケスのこのピットボックス訪問について「単なるパフォーマンスにすぎない」と一刀両断した。

「本当に謝罪する意思があるのなら、カメラをぞろぞろ引き連れてピットボックスへ来るのではなく、あとでバックヤードのオフィスをひとりで訪問すればよい。しかも、ヘルメットも脱がずにやってくるような態度では、とても誠意を感じられない」

はらわたが煮えくり返る思いだったことは容易に想像できる。だが、彼のこのことばはそのまま、2011年のへレスでケーシー・ストーナーを転倒させた際の自分の行為に対する照魔鏡になってしまっているのは、やや皮肉な話だ。

前にいる選手たちを次々と追い抜いていったマルケスの走りは強引ではあるものの、その行為に悪意がなかったことは、おそらくまちがいない。たとえば、このレース中にはあるライダーをアウト側へはじき出したオーバーテイクが危険行為と判断され、自分の走行順位を下げるよう通知を受けているのだが、その告知を受けたマルケスは、「念のためにふたつ順位を下げた」とレース後に述べている。無邪気なくらいに謙虚で素直だが、そうやって順位をあえて多めに落としてもふたたびポジションをあっさり回復できてしまうところが、抽んでた彼の能力の残酷さでもある。

最終的には、5番手でゴールしたにもかかわらず、ロッシを転倒させた行為の懲罰としてゴールタイムに30秒加算する処分を受け、正式結果はポイント獲得圏外の18位、というリザルトになった。ひとつのレースで3回のペナルティ（ライドスルー、走行中のポジションダウン、ゴール後の30秒タイム加算）を受けたという事実は、このときの彼の走りがチャンピオンに相応《ふさわ》しい威儀を欠いていたことを示している。

ともあれ、このアルゼンチンGPでの強烈な追い上げや、Moto2時代の最後尾スタートからの優勝、そして2020年のヘレスで見せたまるでマンガのような猛追などからわかるのは、マルケスの心のなかで何かに火がついて尋常ではない状態になったとき、彼は周囲の選手とは異次元の速さを発揮する、という事実だ。

ただ、その才能は最高に劇的な結果をもたらすだけではなく、ときに自らに降りかかる災厄と化す場合もある、いわば〈両刃《もろは》の剣〉のようなものなのかもしれない。

マルケス対ロッシ、心の裡《うち》の〈鬼〉が激突したバトル

2013年に最高峰のMotoGPクラスへ昇格してからの期間は、彼のなかで暴れようとするこの〈両刃の剣〉を御し、意のままに操る方法を体得するための時間だったのだ

ろう。それをある程度のレベルでうまく制御できるようになったからこそ、マルケスは、最高峰に昇格した初年度の13年から現在まで、驚異的な勝率で6回の世界タイトルを獲得してきたのだ。

ただ、これほど卓越した天分を備えたライダーであっても、やはりときに過ちは犯しうる。それは技術的な過ちである場合もあれば、精神的な過ちである場合もある。

それらの過ちがありうべからざる形で表出してしまった例のひとつが、2015年のマレーシアGPで発生した一件だった。しかもこのときは、マルケスの持つ〈両刃の剣〉が、ロッシの〈両刃の剣〉と悪々《わるわる》しく共鳴してしまったために、事態は最悪の一途を辿り、マルケスとロッシはともに、自らが持つ刃《やいば》を自らの肉体で受けることになった。

この決勝レースで、マルケスは執拗《しつよう》なくらいロッシに絡みに行っている。先頭グループに早く追いつきたいロッシを阻もうとするような絡みつきかただ。その理由はおそらく、ロッシの章でも記したとおり、前戦オーストラリアGPの走りに難癖をつけられて、ロッシの仕掛ける過剰な〈口撃〉に心底辟易したからであろう。だからこそマルケスは、口でこそ「いまも尊敬する気持ちに変わりはない」といいながらも、コース上では相手に思いどおりの走りをさせまいとする走りで絡みついていった。

この日のマルケス（右）とロッシ（左）のバトルに、スポーツの爽快な昂奮が作り出す緊張感はなく、むしろ一触即発の不穏な危うさが臨界点に達していた。

その行為に業を煮やしたロッシが中指を立てて憤りを表したことは、すでに述べたとおりだ。苛立《いらだ》ちが頂点に達したロッシは、バックストレートへ繋がる14コーナー立ち上がりでマルケスへ故意の幅寄せ行為を行った。そしてその結果、2台のバイクが接触してマルケスは転倒を喫する。

マルケスがロッシに執拗に絡みにいった行為は、それ自体は違反行為に該当しないため譴責《けんせき》対象とならず、一方、マルケスを転倒に至らしめたロッシの〈無責任で悪質な行為〉にはペナルティが与えられて次の最終戦では最後尾スタートとなった。そしてロッシは、10回目の世界タイトルをむざむざと逃すことになった。

こうしてふたりは、身の裡に呑む〈両刃の剣〉によって自らを傷つけることになった。あるいはことばを換えれば、ふたりの裡に棲《す》まう〈鬼〉のようなものが殻を破ってともに姿を現してしまったために、このような結末を迎えた、ともいえるかもしれない。

ロッシはマルケスを〝蹴った〟のか？

このときのふたりの接触行為に関して、マルケスはロッシに蹴られたために転倒したのだと主張し、ロッシは意図的に蹴ってなどいない、と反駁《はんばく》した。両者の主張は、おそらく、それぞれの主観ではそれぞれに正しい。

幅寄せをしてきたロッシに対してマルケスは左側から体ごと被せてゆき、その際にロッシの左下肢が動いてマルケスに接触していることは、映像にもはっきりと映りこんでいる。また、この瞬間に接触があったこと自体はロッシも認め、争ってはいない。

このときにロッシの動いた脚は、マルケスの体軀《たいく》もしくはバイクあるいはその双方と接触し、マルケスは転倒に至る。一瞬のうちに発生したこのできごとをマルケスの側から見れば、「蹴られた」という認識にならざるをえないだろう。

ところで、「蹴る」という行為は一般的に、意思を持って能動的に対象を足で突き、払う行為を指す。ロッシの立場にしてみれば、意図的な幅寄せ行為をした際に、マルケスがなおもバイクごと被せてきたため、（うっとうしく思ったか何かの理由で）つい脚を動かしたら接触してしまった、という経緯になるだろうか。この場合、足蹴にして相手を転倒させてやろうという自発的な意思がない以上、その行為の正当性は措《お》くとしても、ロッシのロジックとしては「（意図的に）蹴っていない」という主張が成立する。

ロッシを快く思わない人々には、とくに当時は彼のこの理路を受け入れがたかったようだ。先ほどの、心の裡に棲まう〈鬼〉の例でいえば、ロッシはいままでのレースキャリアで幾度も、数々のライバルたちに対してその〈鬼〉をあえて己の外に出してきた。そのような猛《たけ》き〈鬼〉を心に飼うほどの選手なら、意図的にそんな行為をやるに決まっている、というわけだ。

もちろん、ロッシが勝利に対して抱く誰よりも強い執念と深く重い業は、本人はもちろん、万人の認めるところだ。しかし、今回の事態が発生したセパンサーキットは、2011年にロッシがもっとも愛した後輩のひとり、マルコ・シモンチェッリがレース中のアクシデントで逝去する不幸なできごとがあった地だ。しかも、ロッシはともにそのレースを走っていた当事者でもある。一歩まちがえば命に関わるような行為を、しかも最愛の後輩が死亡したサーキットで、はたして意図的に行うだろうか。

この問いに対する解釈と解答は、それを考える個々人の人間観と競技に対する信頼によって、おそらく異なったものが導き出されるだろう。

ただし、意図的であったかどうかにかかわらず、その不用意な行為に対する結果責任は重い。譴責されてしかるべきであり、じっさいにそういう処分が下されている。これについては、当時HRC副社長で、セパン事件の際にはマルケス側当事者の代表でもあった中本修平のことばを引いておこう。

「MotoGPは、安全性を高める努力を皆で取り組み続けていても、それでもなお危険が伴うスポーツなわけです。選手たちはお互いをリスペクトしているから高速バトルが成立し、それを見るファンの人たちに喜んだり興奮したりしていただける。お互いをリスペクトする気持ちを失うと、このスポーツ自体が成立しなくなるわけです。

マルクがあまりにまとわりついてくるので、ロッシ選手がイライラしてしまった気持ちはわかるけれども、何度も世界チャンピオンを獲ってきた偉大な人物が、まるでストリートファイターのようなことをすると、そのスポーツを否定してしまうことにもなりかねない。自分の立場をもう少し認識してほしかった、とは思いますね」

二輪ロードレースにかぎらず、モータースポーツ全般は興味のない人たちから見れば、機械同士がスピードを競っているだけの無味乾燥なものに見えるかもしれない。だが、この例でもわかるように競技の実相は、それら機械に媒介されながら選手同士が生身の感情と肉体と技術をギリギリのレベルで競いあい鎬を削りあう、非常に人間くさい戦いが繰り広げられている。

２０１５年のセパンで発生したこの一件は、両選手にとってけっして良い結末をもたらしたわけではなく、すべての関係者に苦いもののみを後に残すレースになってしまった。ただ、胃にしこりの残るこの週末のできごとからあえて何らかのポジティブな効用を捜すとすれば、それは、二輪ロードレースが生身の人間同士の感情が対峙《たいじ》しあうスポーツであることをあらためて広く世に知らしめたことだった、とはいえるかもしれない。

数々の最年少記録を更新

さて、２０１２年のバレンシアで最後尾からスタートしたマルケスが劇的な優勝を飾ってＭｏｔｏ２クラスのキャリアを締めくくり、翌13年に最高峰クラスのＭｏｔｏＧＰへステップアップしたところまで話を一気に戻そう。

彼が所属するのは、レプソル・ホンダ・チームだ。かつてミック・ドゥーハンが5連覇を達成し、生きる伝説、バレンティーノ・ロッシがその後を引き継いだトップチーム中のトップチームである。

06年にニッキー・ヘイデンが年間総合優勝を勝ち獲り、そして11年にはケーシー・ストーナーが圧巻の強さを披瀝《ひれき》して王座を獲得したこの名門チームに加入する若者に、世界じゅうが大きな期待を寄せた。

開幕前の2月にマレーシア・セパンサーキットで行うプレシーズンテストでは、ドゥカティからヤマハへ復帰したばかりのバレンティーノ・ロッシがマルケスについて「自分が2000年に500ccマシンに初めて乗ったときと同じ、という印象を持った」と述べた。才能を開花させるもっとも相応しい場所へ収まった、という含意だ。

そして、こうも話した。

「彼はきっとシーズン初戦から優勝争いをするだろうし、それは3ヶ月前（2012年最終戦バレンシアGP）からずっと思っていたよ。初年度にチャンピオンを狙いに行く姿勢が何より好ましいし、そのような態度はとてもいいことだと思う」

この予測は的中し、2ヶ月後の開幕戦カタールGPで、マルケスは最高峰デビュー戦な

史上最年少記録を更新して最高峰王座に就いたこの年は、全18戦中16戦で表彰台に上がるという驚異的な成績を残している。

がら3位入賞を果たす。ヤマハ復帰レースを2位で飾ったロッシの、0・2秒背後だった。

　そして2週間後のシーズン第2戦で、マルケスはグランプリの歴史を一気に塗り替える。

　この第2戦は、初開催の会場で行われた。米国テキサス州オースティンの郊外に前年秋竣工《しゅんこう》したばかりのサーキット・オブ・ジ・アメリカズ、大会名称はアメリカズGPだ。当然ながら、どの選手もこのサーキットの走行経験がなく、過去のデータもない。つまり、全選手とチームは完璧なイコールコンディションでレースを行う、というわけだ。

　最高峰2戦目のマルケスは、土曜の予選でポールポジションを獲得した。20歳62日で、フレディ・スペンサーの所有していた最年少記録（20歳153日：1982年）を31年ぶりに更新した。翌日の日曜日は、決勝レースで優勝。20歳63日で達成したこちらの記録も、スペンサーの最年少レコード（20歳196日：1982年）を大幅に塗り替えた。

以後のレースでもコンスタントに表彰台を獲得し、シーズン中盤の4連勝を含む計6勝を挙げて、最終戦のバレンシアGPで年間総合優勝を達成した。

ここでもまた、フレディ・スペンサーの所有していた史上最年少チャンピオン記録（21歳258日：1983年）に対し、20歳266日という新記録でレコードを大幅に更新した。ウィニングランでは、"Baby Champ on Board"（赤ちゃんチャンピオン乗車中、の意）と記した祝勝Tシャツをまとって走行した。数々の最年少記録をこの一年で一気に塗り替えた凄味《すごみ》と、それを無邪気に喜ぶ表情の対比が何よりも印象的だった。

常人とは異なる時間感覚と並外れた運動神経

2014年はさらに圧倒的なシーズンになった。3月の開幕以降、8月半ばまで無傷の10連勝という破竹の快進撃。そして、ホンダの地元であるツインリンクもてぎの第15戦日本GPで2位に入って2連覇を決める、という圧巻の内容だった。翌15年はランキング3位で終えたが、16年から19年まで4年連続で制覇。最高峰クラスを戦ってきた7年間のうち、6回のシーズンで王座に就くという圧倒的な強さを見せた。

参考までに、13年から19年まで7シーズンのマルケスの成績を整理しておこう。

２０１３年　18戦6勝（16表彰台）チャンピオン
２０１４年　18戦13勝（14表彰台）チャンピオン
２０１５年　18戦5勝（9表彰台）年間総合3位
２０１６年　18戦5勝（12表彰台）チャンピオン
２０１７年　18戦6勝（12表彰台）チャンピオン
２０１８年　18戦9勝（14表彰台）チャンピオン
２０１９年　19戦12勝（18表彰台）チャンピオン

比類のない強さもさることながら、マルケスの卓越した才能を強く印象づけるのが、驚異的な身体能力の高さだ。旋回中にフロントが切れこんで、普通ならそのままバイクが路面を滑走していきそうな場面でも、マルケスは肘や膝を駆使しながら転倒を回避して立て直し、走行を継続する。あるいは、バイクが大きな挙動を起こして振り飛ばされそうになったときでも、なんとか押さえこんであわやクラッシュという状態を収束させてしまう。物理法則を無視しているような、そんな超人的シーンはこれまでに何度もあった。

彼が2年連続チャンピオンを決めた14年のシーズンオフに、当時、ＨＲＣ副社長でホンダの陣頭指揮を執っていた中本修平に、この身体能力の高さについて尋ねたことがある。

「マルクは、フロントが滑ることに対しては、100%自分でコントロールできてしまうんですよ。リアタイヤが滑り出すとラップタイムが落ちていきますけれども、フロントの場合はバイクが横を向こうが切れこもうが、対応してしまうんです。しかし、集中力が欠けるとどうしても反応がごくわずかに遅れてしまう。ちょっとした気の緩みが、レース中に出てしまうんですね。いまのマルクの最大の課題は、そこですね」

中本の指摘した「集中力の緩み」は、15年シーズンにタイトルを逃す一因になったともいえるだろう。その反省を教訓として、16年以降のマルケスはさらに強さを増していった。

マルケスの驚異的な身体能力については、レース現場でホンダ陣営を束ねる現HRCディレクターの桒田《くわた》哲宏もこんな表現で説明したことがある。

「ぼくらにとっての1秒が、たとえばこれくらい（と両手で15cmくらいの幅を示す）だとするじゃないですか。でも、マルクにとっての1秒って、これくらいの長さ（と両手を肩幅以上に広げる）の体感時間なのかもしれない。だから、その時間の幅のなかできっと、彼はいろんなことをできてしまうんじゃないかと思うんですよ」

マルケスはこれまでに何度も、その日に見せたスーパーセーブについて尋ねられているが、そのたびに、あっけらかんと自分の取った対応について克明に説明をしてきた。それは常に奇跡的なマシンコントロールなのだが、聞いている側もなぜか愉しい気分にさせてしまう明るさは、マルケスに天性のものだろう。

追われる立場として

もうひとつ、どんなに大きいプレッシャーでも、それを結果へ転換できてしまう強靭な精神力も、マルケスの持つ大きな特徴といっていい。たとえば、18年に彼が日本GPでチャンピオンを決めた際に、そのウィークの推移について質問をしたときのことだ。

「今回のレースがホンダにとって重要だということは、最初からわかっていたよ。プレッシャーももちろん、感じていた。でも、ぼくはプレッシャーがあるとうまくやれるんだ。だから、プレッシャーは好きだし、プレッシャーがないときでも（あえて自分から）作るんだ。そのほうが集中できるんだよ」

この強靭な精神と並外れた集中力が、数々の負傷を乗り越えてきた原動力にもなっているのだろう。それに加えて、卓越した身体能力とライディングセンス、さらに、毎年の厳しいチャンピオン争いで洗練させてきた冷徹なシーズン戦略。これらがすべて噛みあって、年々、マルケスのレースからは隙がなくなってゆき、一時期の彼は本当に無敵に見えた。

　しかし、この世に完璧な人間など存在しない。完全無欠に見えた一時期のバレンティーノ・ロッシが無敵ではなかったように、マルク・マルケスもやはり無敵ではない。

　彼らのように史上最強のライダーでも、ときに焦りという感情は、己を蝕《むしば》む裡なる敵として作用する。マルケスの場合、それが２０２０年初戦のスペインＧＰでの転倒と骨折、そして復帰を急いだためにシーズン全体を棒に振ってしまう顛末《てんまつ》に繋がった、ともいえる。

2000年代がロッシの時代であったとすれば、2010年代はまちがいなくマルケスの時代だった。では2020年代は……？

　また、敵は己自身の裡のみならず、外からもひたひたと押し寄せてくる。年々歳々人同じからず、と古諺《こげん》にもあるとおり、最年少記録を次々と塗り替えてきた無邪気な若者も、いまでは若い世代の選手たちにとって、倒すべき大きな目標である。

　グランプリ界を制覇する圧倒的な王者とその打倒を狙う好敵手、そして新たに擡頭してくる若い世代の争いは、いままで何度も繰り返されてきた。そしてこれからもまた、その戦いは時代とともに登場人物を入れ替えながら続いてゆく。

第6章　ジョアン・ミル

Joan Mir

1997年9月1日生まれ。スペイン、パルマ・デ・マヨルカ出身。MotoGPルーキーズカップなどを経て、2016年からMoto3クラスにフル参戦を開始。17年にシーズン10勝を挙げてタイトルを獲得。18年にMoto2クラスへステップアップ。中排気量クラスは1年経験しただけで、翌19年にスズキファクトリーチームへ抜擢されてMotoGP昇格を果たす。参戦2シーズン目の2020年にチャンピオン獲得。スズキ創業100周年、WGP参戦60年という節目の年に、同社へ20年ぶりの王座をもたらした。

Moto3時代からオーラが

彼と最初に一対一で話をしたのは2017年の2戦目、4月上旬開催のアルゼンチンGP、テルマス・デ・リオ・オンドサーキットのパドックだった。

このときのジョアン・ミルはまだ、Moto3クラスへフル参戦を開始してようやく2年目のシーズンを迎えたばかり、という状態にすぎない。ヤングライダーの登竜門であるMoto3クラスは、毎戦、トップグループを構成する10台以上の集団がコーナーごとに順位を大きく入れ替える、若さにまかせた激しいバトルで人気のカテゴリーだ。

前年の16年にMoto3へフル参戦デビューしたミルは、シーズン序盤から5位や7位といったシングルポジションでゴールするレースが続き、夏休みを挟んで後半戦に入るとポールトゥウィンを達成した。以後も2位と3位の表彰台を獲得して、このシーズンは新人ながらランキング5位。ルーキー・オブ・ザ・イヤーを獲得していた。

しかも2017年は、開幕戦のカタールGPでいきなり優勝を飾っている。この年のMoto3クラスライダーたちに取材するならまずはこの選手、と興味を惹《ひ》くような、何かちょっとしたオーラのようなものをすでにこのとき発散していた。

幸い、ミルが所属するチームの広報担当者が古い友人であったため、優勝で終えたカタールGPの決勝後に取材の相談をするととんとん拍子で話が進み、次戦アルゼンチンのパドックでインタビューをできることになった。広報担当者はアルゼンチンに行かないため、予定時間にピットボックスで適宜本人と待ち合わせてほしい、ということだった。

Ｍｏｔｏ３で徐々に頭角を現しつつあったものの、この当時のミルはまだ大きな注目を集める存在ではない。取材の段取りが拍子抜けするほど簡単に進んだのも当然の話だ。

２週間後のテルマス・デ・リオ・オンドサーキットで、予定の時間にチームのガレージを訪れると、隅の椅子に座ってスマートフォンをいじっていたチームウェア姿の若者が立ち上がり、手を差し伸べてきた。

立ち上がったときの目の高さはこちらとほぼ同じくらいで、身長はおそらく１７０㎝台後半か１８０㎝程度だろうか。細身の体格は、年齢的にもまだ筋肉ができあがっていないからか、少しひょろりとした印象もある。

そのままガレージの奥に椅子を２脚運んで腰を下ろし、Ｍｏｔｏ３にフル参戦デビューをした前年の振り返りや、今シーズンのバイクのフィーリング、開幕戦カタールＧＰで優勝したときの印象などの質問に取りかかった。明るい表情と質問に対する理解の速さ、そして、19歳という年齢のわりに落ち着いた明晰《めいせき》な受け答えが非常に印象的だった。

Ｍｏｔｏ３に到達するまでのレースキャリアについて質問すると、ミルは礼儀正しい笑顔でこう説明をした。

「初めてポケバイみたいなのに乗ったのはたしか5、6歳くらいだったと思う。レースを始めたのは10歳を過ぎていたから、一般的なスペイン人ライダーと比較すると、かなり遅いスタートだと思う。でも、３歳や４歳でバイクに乗りはじめたって、自分が何をやっているのか理解できないだろうけど、10歳くらいに成長していれば、失敗の原因やうまくなる方法を、その年齢なりに自分の頭で考えることができる。だから、確かにぼくはレースを始めた年齢は遅いけれども、それはけっして悪いことじゃなかったと思っている」

この週末のレースでもミルは優勝し、開幕2連勝を達成した。

その後も毎戦優勝争いを演じ、Ｍｏｔｏ３クラスのトップライダーと認識されるようになるまで、さほどの時間は要しなかった。シーズンが夏休み期間に入る前には、この年のチャンピオン最有力候補と目されており、6月上旬のうちに翌年のＭｏｔｏ２クラスへのステップアップも発表された。

Ｍｏｔｏ2は1年のみで最高峰へ

夏休みが開け、後半戦もミルの勢いは止まらなかった。

順調に勝利を重ね、第16戦オーストラリアＧＰでタイトルを獲得。一年を終えて18戦中10勝、2位を2回、3位を1回獲得して計13戦で表彰台に上がる圧巻のシーズンだった。

Ｍｏｔｏ２にステップアップした翌18年は、第3戦で早くも4位に入り、第5戦フランスＧＰで3位表彰台。この頃には、ミルが来季ＭｏｔｏＧＰクラスへステップアップするのではないかという噂が、ル・マンサーキットのパドックで急速に広まりはじめていた。

彼のマネージメントを担当する人物に直接尋ねてみたところ、スズキファクトリーチームとの交渉が順調に進んでいることを認めた。チーム・スズキ・エクスターがジョアン・ミルの２０１９年加入を正式に発表したのはその約1ヶ月後、6月11日だ。

２０１６年にＭｏｔｏ３のフル参戦を開始して翌年にチャンピオン。次の年にＭｏｔｏ2を1シーズンだけ経験してＭｏｔｏＧＰへ昇格。たった4年で世界最高峰まで登り詰めたこのキャリアパスは、まさに絵に描いたような順風満帆のステップアップだ。

しかし、高い資質が期待される選手といえども、世界最高峰クラスは昇格初年度から大活躍させてもらえるほど甘い世界ではない。デビューシーズンの２０１９年は開幕戦をシングルポジションの8位で終えて才能の片鱗《へんりん》を見せたものの、結局、この年は一度も表彰台を獲得していない。

夏休みを経てシーズン後半戦の端緒となったチェコGPでは、決勝翌日の居残りテストで激しい転倒を喫して肺挫傷の診断を受け、以後2戦の欠場を強いられている。それでも1ヶ月程度の欠場でレースへ復帰してきたのは、やはり22歳という若さの賜物だろうか。

タイトルを獲る気がなくなったら、家に帰るよ

シーズン終盤戦になると、欧州を離れて日本を含む環太平洋地域を転戦する〈フライアウェイ〉シリーズが始まる。なかでも、東南アジアでのレースは、高温多湿な土地柄のために、ほんの数ヶ月前に肺を損傷したミルにとっては厳しいレース環境だ。

タイGPを7位でゴールした彼に、体調の戻り具合を尋ねた。

「肺挫傷で1ヶ月ベッドに寝ていたので、高温多湿環境では呼吸が辛く、しっかり呼吸できないと体温も上昇する。それが今日の問題だった。でも、復帰後はいい感じで走れているし、次のレースはスズキの地元だから表彰台争いを目指して全力でがんばりたい」

このことばにもあるとおり、タイGPの後は日本へ戦いの舞台を移す。その日本GPの

開催地ツインリンクもてぎで、久しぶりに長時間の単独インタビューを行った。

2017年の春、アルゼンチンで初めてインタビューを行ったとき、彼はまだMoto3の若手選手にすぎなかった。それからわずか2年少々で、世界最高峰クラスを戦うファクトリーライダーとして対面している。時の過ぎゆく速さは、彼自身も感じていたようだ。

「4年前にはこんなことになるなんて思ってもいなかったし、何もかもがあまりにもあっという間だった。Moto3フル参戦初年度に優勝して、2年目にチャンピオン。次の年はMoto2の5戦目で表彰台。その次の年がMotoGP。ウソみたいだよ。でも、どの年もぼくは高い戦闘力を発揮してきたし、そのことをすごく誇りに思っている」

ミルがMoto3へのフル参戦を開始した16年といえば、同郷のマルク・マルケスはすでに世界的スーパースターで、ホルヘ・ロレンソが前年のチャンピオンだ。バレンティーノ・ロッシは、ミルが生まれた年（1997年）にはすでに世界選手権を戦うスター選手だった。そんな彼らといま一緒にレースをするのは、いったいどんな気分なのだろう。

「最高だよ。開幕戦のカタールでは、テレビで見ていたバレンティーノやマルクが目の前のグリッドにいて、この目でそれを見ていると思うとすごく幸せだった。しかも至近距離で彼らと戦えて、最高にいい気分だったね。走り出す前は、人生で最高に緊張したけど」

4年前には自分がMotoGPライダーになるとは想像もしていなかった、と話すミルだが、では、いまから4年後の自分はどんなふうだと想像しているのだろう。はたして世界チャンピオンになっているだろうか。そう尋ねてみた。

「かもね。だって、ぼくがここにいるのは、ずっとグリッドに並び続けることが目的じゃなくて、チャンピオンになるためなんだから。タイトルを獲る気持ちがなくなったら、家に帰るよ。自分に強い気持ちがないと気づいたら『オーケイ、ダビデ（・ブリビオ：チームマネージャー）、ぼくはどうやらもう速く走れないから家に帰るよ』っていうだろうね。だから、あと数年以内にはチャンピオンを獲得したい。そう思っているんだ」

このシーズンを、ミルは年間総合12位で終えている。

スズキが強い選手を呼べないなら、作ればいい

熱心なファンには周知のことだが、スズキは2011年末にMotoGP活動から退いている。その後、いくつかの模索を経て15年シーズンに復活を果たした。それ以降、現場を切り盛りするチームマネージャーとして辣腕をふるってきた人物がダビデ・ブリビオだ。

ブリビオはもともとヤマハのチームマネージメントを長く担当し、バレンティーノ・ロ

悲願のタイトル獲得を喜ぶブリビオ（左）とミル。活動休止を経て2015年にMotoＧＰへ復帰して以来、地道な積み上げを続けてきた努力が実った瞬間だった。

ッシと親交が篤《あつ》いことでもよく知られている。ロッシがヤマハからドゥカティへ移り、ふたたびヤマハへ戻るという紆余曲折があった際に、ブリビオはドゥカティ時代までは行動をともにしたものの、ヤマハへは帯同せず、別の道をゆくことになった。ＭｏｔｏＧＰの活動再開を模索していた当時のスズキにその手腕を買われてマネージャーの職務に就くことになったのだ。事実上ゼロの状態からチームを立ち上げ、人材集めや搬送用トレーラーの確保といったところから運営をスタートして、現在に至る。

日本側と二人三脚で強いチームを作り上げてゆく過程でブリビオが痛感したのは、〈鶏と卵のジレンマ〉だ。

「強いチームを作ろうと思うと、強い選手がいる」

そのために、ヤマハ時代のブリビオは、ロッシをホンダから引き抜くという大胆な発想を思いつき、アクロバティックな手腕でそれを実行してしまう。

「しかし、強い選手を惹きつけるには、強いバイクがいる。しかも、強い選手がいなければ、強いバイクを作ることはできない」

強いチームとバイク、強い選手の関係は、まさに鶏が先か卵が先かというジレンマそのものだ。さらにスズキの場合には、ホンダやヤマハなどのライバル陣営と比較して各種のリソースが比較的小規模である、という課題もある。

そのためにブリビオが考えたのは、「膨大な報酬を提示して強い選手を招聘することができないのなら、自分たちの手で強い選手を作り上げればよい」という逆転の発想だった。

2019年の初夏、ブリビオに取材をしたとき、彼が描くスズキ陣営の将来ビジョンについてこんなふうに述べた。

「我々は、5年後の勢力関係を視野に入れている。世代交代はすでに始まっているんだ。たとえば、バレンティーノの現役生活はもうさほど長くないだろう。ペドロサは2018年末で引退した。ロレンソも、続けてもあと2年程度だろう(2019年末で引退)。ドヴィツィオーゾもいつまで続けるかわからない（2020年末で活動休止）。2021年や22年は、マルケスや（マーヴェリック・）ヴィニャーレスたちがトップに君臨している時代だ。そこに新世代のライダーたちが成長してくる。フランコ・モルビデッリ、ファビオ・クアルタラロ、ジャック・ミラー。我々のアレックス（・リンス：17年にスズキへ抜擢。19年は2勝）も、まちがいなくトップライダーの仲間入りを果たしているだろう。そしてそこに、ジョアンも加わってくるはずだ。

私たちの戦略は、トップライダーをインハウスで作り上げ、スズキで勝つ、ということだ。あと1、2年もすれば、我々は表彰台争いをするふたりのライダーを擁したチームになるだろうね」

そしてその翌年、事態はじっさいにブリビオの狙いどおりに進んだ。

2020年シーズンにもっとも優れたパフォーマンスを発揮したのは、ホンダでもヤマハでもドゥカティでもなく、スズキGSX-RRだった。もっとも多く表彰台を獲得したチームは、チーム・スズキ・エクスターだ。ジョアン・ミルとアレックス・リンスのふたりで計11回の表彰台を獲得した。そして、チャンピオンの座についたのは、最高峰クラス2年目の23歳、ジョアン・ミルだった。

世界選手権にフル参戦を開始して5年目での最高峰クラス王座獲得は、バレンティーノ・ロッシとマルク・マルケスよりもそれぞれ1年早い。

激動の2020年に初勝利、そして初タイトル

チーム・スズキ・エクスターのライダーとして2年目のシーズンを迎えた2020年のジョアン・ミルは、開幕前にはけっしてチャンピオン候補の一角と見なされていたわけではない。それはおそらく本人の認識も同様だっただろう。2月のセパンテストの際に、

「ライディングスキルは上位選手たちに近づいていると思う。自分がトップライダーのひとりになることが目標で、いまは一歩ずつそこへ近づいている実感がある」

と述べていることばからも、MotoGP全ライダーのなかで彼が自分自身の位置をどのように捉えていたかがわかる。

状況が大きく変わりはじめたのは、8月のオーストリア2連戦だろう。

レッドブルリンクで開催された第4戦目（MotoGPクラスは開幕戦がキャンセルされたため、興行としてはシーズン第5戦）のオーストリアGPで、ミルは2位に入った。最高峰昇格後の記念すべき初表彰台である。しかも、前年は肺挫傷で入院して欠場していたこと

も勘案すれば、最高峰クラス初走行の会場で2位という成績は快挙といっていい。

表彰式後の質疑応答では、受け応えをすることばのひとつひとつが初々しく新鮮で、潑《はつ》溂《らつ》とした表情が印象的だった。

翌週にスティリアGPという名称で同じくレッドブルリンクで開催されたシーズン第6戦は4位で終えた。だが、ここからミルとスズキの安定感が本領を発揮しはじめる。

9月の3連戦は、イタリアのミザノワールドサーキット・マルコ・シモンチェッリで2週連続、そしてカタルーニャへ場所を移して3週目のレースが行われる。

この3週間連続レースで、ミルは3位、2位、2位、と全戦で表彰台。しかも、予選グリッドはそれぞれ8番手、11番手、8番手という低位置からのスタートだ。ミルの冷静なレース戦略とスズキGSX-RRの高い戦闘力は、低い予選グリッドと表彰台というコントラストのはっきりした対比を見れば明らかだろう。

この頃になると、ミルはチャンピオン候補の最右翼、と見なされるようになっていた。

「表彰台をもっと獲りたいと思ってがんばってきた。これからも高い安定性を発揮したい」「あと1周あれば勝てていたかもしれないと思うと悔しいけれども、連続表彰台を獲得できているという点ではうれしい」

世界じゅうが不安に包まれた先行きの見えないシーズンながら、一貫して落ち着いたレース戦略で高い安定感を発揮した。スズキGSX-RRのまとまりの良さも武器になった。

これらレース後のことばからも、自信と自覚を増している様子を読み取ることができる。

カタルーニャGPではチームメイトのアレックス・リンスが13番グリッドから怒濤《どとう》の追い上げで3位表彰台を獲得し、ダブル表彰台を達成した。スズキ勢の強さはもはや、誰の目にも明らかだった。リンスは10月のアラゴンGPで優勝し、ミルが3位。同地で行われた翌週のテルエルGPでも、リンスとミルは2位と3位でシーズン3回目のダブル表彰台。

そして、テルエルGPから2週間後にバレンシアサーキットで行われたヨーロッパGPで、ミルはついに優勝を達成する。

「今日はバイクがとてもよく走ってくれた。次のレースでも優勝を目指せそう」と初勝利を喜びながらも、「チャンピオンが近づけば妥協も必要になる。（次戦で勝ちを狙うかどうかは）状況次第で判断したい」と、いかにも彼らしい沈着冷静な様子も見せた。

チャンピオン獲得が目前に迫ったプレッシャーについては、こんなことも述べた。

「それも自分たちには仕事のひとつ。新型コロナウイルスの影響で家賃の支払いに苦しむ人たちが抱える不安に比べると、ぼくらの感じているものなんてプレッシャーのうちにも入らない」

そして、ミルは翌週のバレンシアGPで2020年の王座を手中に収めた。

「今シーズンにタイトルを獲れるとは思っていなかった。チャンピオンはもう少し先のことだと思っていた」

上気した表情でそう話すことばは、おそらく正直な本心だっただろう。19年にインタビューした際にも、「あと数年以内にチャンピオンを獲得したい」と述べている。それは、チームマネージャーのダビデ・ブリ

2020年シーズンを終え、ホンダとヤマハの首脳陣はともに、「我々にはミル選手のような高度な安定感が足りなかった」と述懐した。

ビオにとっても同様に、偽らざる本心であったようだ。

「タイトル獲得をずっと夢見てはきたものの、じっさいには非常に難しいのではないか、と正直なところ思っていた。本当に、夢のようだ。こんな夢を実現できて、私の人生は本当に幸運だと思う」

創立100年、参戦60年で20年ぶりのタイトル

スズキのライダーのチャンピオン獲得は、2000年（ケニー・ロバーツJr.）以来20年ぶりの快挙だ。また、ミルの年間総合優勝とリンスの活躍により、チーム・スズキ・エクスターはMotoGP全チームが争うチームチャンピオンシップでもタイトルを獲得した。チームタイトルは2002年に創設された部門で、スズキの獲得は史上初だ。

2020年は企業設立100周年、そしてスズキ二輪ロードレースチームが1960年に初めてマン島TTに参戦してから世界グランプリ活動60周年という節目の年にあたる。

「まるで、ちょっとした歴史的事業を成し遂げた気分だよ」

そういって、ブリビオが温厚な笑顔をくしゃくしゃにして喜びを露《あら》わにするのも当然だ。

「映画の脚本を書いたとしても、おそらくここまでのものは作れないだろう。企業の創立

ホンダやヤマハ、ドゥカティ、KTM等の他ファクトリーチームと比べて小さな予算規模で戦い続ける彼らのタイトル獲得に、世界じゅうの〈スズ菌〉保菌者が快哉を叫んだ。

100周年でグランプリ参戦60年、しかもこんな困難な年にチャンピオンを獲得し、歴史的なことを成し遂げられるなんて想像もしていなかった。（活動休止を経て）このプロジェクトを始めたときは、ゼロからのスタートだった。技術者やメカニックを含め、多くの人たちが集まってくれたなかで、その大半は過去に勝利を経験したことのない者たちばかりで、全員が必死になって努力を重ねてきた。

ライダーたちは、ジョアンもアレックスも強豪選手として素晴らしい走りを披露してくれた。なかでも、ジョアンは高い安定度でミスも少なく何戦も表彰台に上がって、ついにタイトルを獲得してくれた。彼らふたりが何度もダブル表彰台を達成してくれたことは、チームマネージャーとしてとても誇らしく思っている」

このことばにもある、人類史上稀有な災厄である世界的パンデミック下でチームを運営してゆくことはどれほど難しかったのか、とブリビオに問うてみた。

「準備から何から、すべてがいつもと異なっていた。プレシーズンのカタールテスト後に、欧州では新型コロナウイルスの影響でロックダウンが行われ、皆が自宅待機を余儀なくされた。しかし、我々の技術者たちはずっと仕事を続けていたんだ。

ロックダウンの時期もオンラインでミーティングを行い、開発とデータ解析を続けた。シーズンが始まって大変だったのは、レースが3戦連続で行われることだった。2戦続けて同じ会場で戦うことは、むしろライバル陣営に利したかもしれない。我々はセットアップを比較的迅速に仕上げていったけれども、2週目になるとライバル勢の仕上がりが良くなって、厳しい戦いを強いられることが多かったからね。その意味では3週連戦と2大会連続開催は我々にとって厳しかったけれども、なんとかうまく運営して凌いできたよ」

前述のとおり、2020年はスズキの創業100年、グランプリ参戦60周年という節目のシーズンである。この大きな節目の年を迎えた事実が、チーム内部や浜松のスズキ本社に強い意志を持って臨む、何か特別な〈魔法〉のような作用を与えたのだろうか。そう尋ねると、ブリビオは柔らかな笑顔で否定した。

「もちろん、スペシャルな年であることはわかっていたよ。けれども、私たちはいつもどおりに仕事を進めてきた。100周年だからといってとくにプレッシャーが大きくなったわけでもないし、普段以上に気合いが入ったわけでもない。いつもと同じように全力を尽くそう、そう考えて戦ってきた。

この節目の年に何かを達成できれば、意義が大きいことはわかっていた。だからといって特別なことをしたわけじゃない。いつもどおり、全力を尽くして戦ってきたのさ」

〈特別な何か〉を否定するこのことばのなかにこそ、ブリビオの巧みなチームマネージメント手腕を示す要諦がじつは見え隠れしているのではないか。そんなふうにも思う。

2020年、彼らは数々の快挙を達成した。ジョアン・ミルがこのうえなく不安定な一年を比類のない安定感で乗りきり、スズキから20年ぶりのチャンピオンが誕生した。また、両ライダーの活躍とブリビオたちスタッフの卓越した運営で、初のチームチャンピオンシップにも勝利した。しかし、メーカー同士が競うコンストラクターズタイトルだけは獲れなかった。そのために、スズキは初の三冠達成を逃す結果になった。

さらに、2021年が明けて間もない1月7日には、スズキMotoGPの活動再開黎《れい》明期《めいき》から屋台骨を支えてきたブリビオが離脱し、F1チームに移籍するという電撃発表があった。

チャンピオンでありながらも新体制となる2021年、スズキが新たなシーズンに臨む態度は、やはり挑戦者としての姿勢なのであろう。

第7章 ダニ・ペドロサ

Dani Pedrosa

1985年9月29日生まれ、スペイン・サバデル出身。2001年に15歳でロードレース世界選手権125ccクラスに参戦を開始し、03年に王座を獲得。04年に250ccクラスへ昇格してチャンピオン。翌05年も連覇。06年よりMotoGPクラスにステップアップ。何度もタイトル争いを繰り広げるが、怪我や不運により王座を獲得せず18年に現役引退。

160㎝に満たない不利な体格の〈神童〉

モータースポーツ大国スペインのＭｏｔｏＧＰにかける期待を、この人が一身に背負っていた時期がある。

ダニ・ペドロサが最高峰に昇格したのは２００６年のことだ。03年に最小排気量の125ccクラス王座に就き、04年と05年に中排気量の２５０ccクラスを連覇。３年連続で世界チャンピオンを制覇して、06年にＭｏｔｏＧＰへ駆け上がってきた。わずか20歳で、160㎝にも満たない小柄な体躯とも相俟って、少年のような印象をまだ強く残していた。

この当時のＭｏｔｏＧＰは、バレンティーノ・ロッシの第一次全盛時代ともいうべき時期で、強さの頂点を極めるロッシは、文字どおりレース界に君臨していた。スペイン人のチャンピオンは１９９９年のアレックス・クリビーレ以降、長い空白期間が続いていた。

そこに20歳のペドロサが登場した。１２５ccと２５０cc時代はホンダのフルサポートを受ける事実上のワークスチーム体制で、とくに２５０cc時代は圧倒的な強さを見せた。その〈神童〉が、トップファクトリーのレプソル・ホンダ・チームから、いよいよ最高峰クラスのデビューを果たす。それだけに、スペイン人ファンの彼に対する期待には並々ならぬものがあった。ホンダ陣営の関係者も、その期待感は同様だっただろう。

だが、160㎝に満たない体格は、990ccのモンスターマシンRC211Vを手足のように扱うには見るからに不利だった。たとえばスタート時に、ライダーたちは片足を地面につき、もう片足はステップ（フットペグ）の上に乗せた状態で待機、クラッチをリリースさせてスタートを切る。このとき、身長の低いペドロサは、尻をシートからずらせてようやくつま先が地面に接する状態だった。だが、そんな小さな体軀のなかに詰まる濃密で圧倒的な量の才能は、体格的な不利を補って余りあるようにも感じさせた。

そんな大きな期待に包まれながら、06年シーズンは開幕戦のスペインGPを迎えた。

当時のスペインには、〈Solo Moto〉と〈Motociclismo〉というふたつの人気バイク週刊誌があった。両誌ともMotoGPが開催される週は数十ページをレースに割き、内容の濃い取材記事やインタビューを掲載して、競いあうように部数を伸ばしていた。

2006年は期待の新星ペドロサがいよいよ最高峰クラスへ昇格することもあって、両誌の記者たちからアンケートやコメント依頼が続いた。彼らのペドロサに向ける期待の大きさやスペインでのロードレース人気の高さを、このときは改めて認識させられた。

日曜のレースを終えて、ペドロサの結果は2位。最高峰クラスデビュー戦でこの結果は、文句の付けどころがない上々の内容で、器の大きさを充分に示すリザルトといえるだろう。レース後の質疑応答では、訥々《とつとつ》とした口調ながら「次はもっと速く走れると思います」と話して、その場にいた者たちを驚かせた。大言壮語をするような性格ではないだけに、このなにげないひとことからは、自分自身の能力に対する大きな信頼を感じさせた。

青山博一は「理想のチームメイト」

性格、ということについていうならば、ペドロサのキャラクターはいわゆる目立ちたがりや派手好みとは対極にある。真面目な性格、と断言しても、反論する人はいないだろう。彼が最高峰クラスへ昇格した年だったと記憶しているが、たしかトルコGPでインタビューをしたことがある。中小排気量クラスで3年連続タイトルを獲得したこともあり、スペインではすでに人気者になっていた。ペドロサ本人はその人気に喜ぶでも驕《おご》るでもなく、「いまの人気は一時的なものにすぎないと思う」「静かな環境のほうがいい」「地に足のついた生活をしたい」というようなことを述べた。謙虚といえば謙虚、冷静といえば冷静だが、20歳の若者にしてはえらく老けたことをいうなあと思ったことを憶えている。

にもかかわらず、というべきか、だからこそ、というべきか。ふとした拍子で彼が照れたように笑うときは、大いにひとを魅了する。また、そんな真面目なキャラクターだからこそ、ペドロサは似たような性格の青山博一と意気投合したのだろう。

09年に250ccクラスのチャンピオンを獲得した青山は現在、Moto2とMoto3クラスに参戦するホンダ・チーム・アジア監督を務めているが、彼が04年に250ccクラスへフル参戦デビューしたとき、チームメイトになったのがペドロサだった。それを機に、彼らはパドックでもっとも仲の良い友人同士として強い信頼関係を築き上げている。

かつて、MotoGP公式サイトが「理想のチームメイト」を選手たちに尋ねる企画を実施した際、ペドロサは躊躇せず青山の名前を挙げた。青山もまた、ペドロサが現役からの引退を発表した際には、その会場に駆けつけ、印象深いコメントを残しているが、これについては後段で詳述する。

06年に話を戻すと、最高峰クラスのデビュー戦を2位で終えたペドロサは、このシーズンに4回のポールポジションと8表彰台（優勝2回、2位2回、3位4回）を獲得し、年間ランキングを5位で終えた。

初年度を終えて、まだ21歳。デビューイヤーにこれだけの成績を残した彼の、次シーズン以降の前途は洋々に見えた。スペイン念願のMotoGPチャンピオン獲得は、やがて彼が達成するであろう将来的な事実、といっていいほど確かなことにも思えた。

縫合したばかりの膝で血だらけの3位入賞

しかし、その後のペドロサは、小さな体格でモンスターマシンを操らなければならない無理が、さまざまな形でしわ寄せになって表れた。具体的には、負傷とそれによるチャンスの逸失である。

二輪ロードレーサーにとって、勝利の栄光と負傷のリスクは、いわば背中合わせのような存在だ。怪我はいつも、彼らの競技生活に影のようにつきまとう。なかでもペドロサは何度も負傷に悩まされ、そのたびにそれを克服しながら選手活動を続けてきた。

125cc時代や250cc時代にも大きな怪我を経験しているが、MotoGPに昇格してからも、何度となく怪我に泣かされた。デビューシーズンにも大きな負傷に遭っている。シーズン後半の第13戦、マレーシアGPの走行初日だった。金曜のセッションで大きな転倒を喫し、左足つま先の骨折と右膝を数針縫う裂傷を負った。

このマレーシアGP段階でのペドロサは、デビューイヤーながらチャンピオンの可能性をまだ残していた。膝の裂傷は縫合したものの、その部位が固まって動かなくなると翌日からバイクに乗れなくなってしまう。それを防ぐために、夜中もトレーナーがつきっきりで、数時間おきにペドロサの膝をあえて動かしていたという。

決勝レースでは、序盤から3番手につけた。負傷の状態を考えればやがて順位を落としていくだろうとチーム側は予測した。が、ペドロサは最後まで順位を維持し、3位でチェッカーフラッグを受けた。レースを終えたブーツの中は、血で濡れていたという。

このシーズンに、HRC総監督というホンダ陣営の二輪モータースポーツ全体をとりまとめる立場にあった石井勉は、

「あの状態でよく3位に入りましたよ。ダニはまちがいなく、歴史に残るトップライダーの資質を持っていると思います。腕だけじゃなくて、気持ちの強さ、精神力の面でもね」

そういって、レース後にペドロサの走りを絶賛した。負傷の程度やその痛々しい状態は、チーム内部の人間がもっともよく知っている。石井たちは最初、ペドロサは決勝の走行を取りやめるのではないかと思っていたという。強い意志で決勝出場を強行し、獲得した3位表彰台という結果を褒め称えるのは当然だろう。

しかし、ペドロサはその後も、毎年のように大きな負傷に悩まされ続けることになる。

同郷・年下のロレンソとの敵対関係をスペイン国王が仲裁

ペドロサの2年後、08年にホルヘ・ロレンソがＭｏｔｏＧＰへステップアップしてきた。ペドロサは１９８５年９月生まれだが、ロレンソは87年5月、と1年半ほど若い。その年齢差分だけ、ロレンソはペドロサの背中を追う格好でレースキャリアを歩んできた。

「スペインの地方選手権時代は、いつも皆がダニのことを話題にしていた」

ロレンソは後年、少年時代をそう振り返っている。ホルヘ少年は幼い頃から少し年上のダニ少年に対して、かなり強烈なライバル意識を抱いていたようだ。グランプリの世界では２００２年と03年に１２５cc時代をともに過ごしたが、２００４年にペドロサは２５０ccへ去り、その年と05年に中排気量クラスを制覇して、あっという間に最高峰のＭｏｔｏＧＰへ駆け上がってしまった。

ロレンソは06年と07年の２５０ccクラスを連覇し、ペドロサを追いかけるような形で08年にＭｏｔｏＧＰへ昇格した。この時期、ふたりのライバル関係は頂点に達していた。

ほぼ同年代の同じスペイン人選手である反面、ペドロサは小排気量時代から生粋のホンダ育ち、かたやロレンソはヤマハの次世代を担う選手である。この当時のふたりはあらゆ

フアン・カルロスI世（左端）が表彰台の舞台裏でペドロサとロレンソの手を摑んで握手させた瞬間は、テレビでも生中継されて大きな話題になった。

る面で対立していたといっていい。彼らの緊張関係は、ファンのあいだでも広く知られていた。

それを象徴するのが、08年シーズンの第2戦スペインGPだ。

当時のスペイン国王、フアン・カルロスI世の天覧レースとなったこの大会では、ロレンソがポールポジションを獲得し、決勝はペドロサが優勝。ロレンソは3位で終えた。国王は表彰式にも出席したが、その際に、自分の両手でふたりの手をそれぞれ摑み、握手をさせる、というひと幕があった。

ペドロサとロレンソはともに手を開かず、握りこぶしの関節が触れあうぎこちない握手だったが、国王が媒介したこの〈仲直り〉は、翌日朝のスペイン日刊紙が揃《そろ》って一面で大きく取り上げ、写真を掲載した。

険悪なふたりのアスリートの関係を修復するために、国王が仲裁役を買って出るなど、それがどんな競技であったとしても、およそ日本では考えられない事態だ。

この強烈な敵対関係は、やがて時の経過とともに健全な好敵手へ、と良い意味での変化を遂げる。２０１２年にこの関係変化を問われた際、ロレンソは以下のように答えている。

「２００３年に、ぼくたちは敵同士だった。２００５年にはもっと対立した。２００８年には、さらに激しい敵対関係になった。いまは（レース後に健闘を称えて）抱擁しあえる関係だ。数年後には、ひょっとしたら結婚しているかもね（笑）」

ペドロサも、それを補足するように当時の心境を説明している。

「当時はお互い子供で、自分が勝つことだけにこだわりすぎていた。勝利が重要なのは現在でも同じだけど、いまはいろんなことがわかるようになって、成熟したのだと思う」

2012年チェコGP、ロレンソとの名勝負

これらの発言があった２０１２年に、ロレンソは2回目のＭｏｔｏＧＰチャンピオンを

ともにクリーンなバトルを信条とするペドロサとロレンソだからこそ、緊迫感と爽やかさが両立する戦いとなり、結果的にこのシーズン最大の緊密な接近戦になった。

獲得しているが、そのときにもっとも熾烈なタイトル争いを演じたのがペドロサだ。

一年を終えた総獲得ポイントはロレンソの350に対して、ペドロサはわずか18ポイント差の332。優勝回数で見ると、ロレンソは6勝だが、ペドロサは1勝多い7戦で勝利を収めている。これらの数字が、彼らの激しいタイトル争いを雄弁に物語っている。

また、この年のチェコGPでは、ペドロサとロレンソは最終ラップの最終コーナーまで大接戦のバトルを続けた。

最終的にペドロサが制したこのレースが名勝負としてひときわ強い印象を残すのは、ペドロサもロレンソも、先行逃げきりパターンの勝利を本来は得意としているからだ。そのふたりが、ともに相手を振りきることができず、しかも最後の最後まで互いに一歩も退かないクリーンでフェアな真っ向勝負を続けた。最終ラップは4回トップを入れ替える攻防で、そのたびにブルノサーキットの観客席は大きくどよめいた。最終コーナーは、わずかに早くペドロサが立ち上がり、0・178秒先にチェッカーフラッグを受けた。

この年から少し遡ることになるが、ロレンソが最初にタイトルを獲得した2010年にも劇的なできごとがあった。

この年は、基本的にはロレンソ優勢で推移したシーズンだった。だが、3週間の夏休みを経てシーズン後半戦になると、ペドロサが猛追を開始した。休み明け4戦で優勝2回、2位が2回。そして秋の終盤戦を迎えた。

この4戦の勢いを駆り、逆転チャンピオンを期して日本GPに臨んだが、ペドロサは初日の走行で転倒して鎖骨を骨折した。原因はチームのメカニックによるマシン整備の過失、という泣くに泣けない内幕で、これでペドロサの逆転王座奪取はついえることになってしまった。悲運、という意味では、これほど象徴的なシーズンもないだろう。

13年には、マルク・マルケスがレプソル・ホンダのチームメイトになり、あっという間に破竹の快進撃を開始した。マルケスが華やかな活躍をする分だけ、ペドロサはどうしても影のような存在にならざるをえない。タイトルこそ手に届かなかったが、それでも毎シーズン少なくとも1戦で優勝を達成し、表彰台には何度も登壇してきた。

〈侍〉ヘルメットでもてぎ優勝

この時期のペドロサを語るとき、日本のファンならおそらく誰もが思い出すのは、〈侍〉と頭頂部に大きく漢字のデザインをあしらったヘルメットだろう。

このヘルメットが初めて登場したのは、2015年のツインリンクもてぎだった。最初はあくまでも日本GP用のスペシャルヘルメットだったが、評判が良かったために次戦以降も継続して使用するようになり、以後は引退までずっとこのデザインを愛用し続けた。

ちなみに、侍ヘルメットを初めて披露したこのときの日本GPで、ペドロサは優勝を飾っている。2位のバレンティーノ・ロッシに8・5秒の大差という、典型的な勝ちパターンだ。HRC副社長としてこの時期にレプソル・ホンダ・チームを率いていた中本修平は、「ダニは（マシンセットアップを）90％合わせてあげることができれば、誰にも手のつけられない速さを発揮する」とよくいっていたが、まさにそれを体現したレース展開だった。

常住坐臥、信義と覚悟を肚に据える〈サムライディシプリン（武道精神）〉を愛した彼の、「侍」の文字を頭頂部に置いたレプリカヘルメットは、今も人気が高い。

16年も17年も、ペドロサが勝つときはいつも独走だった。すでに年齢は30歳を超えていたが、優勝するレースではロッシやマルケスに数秒差を開いて勝利を手中に収めた。

それが暗転したのは、２０１８年だ。

第２戦アルゼンチンＧＰの決勝レースで転倒し、右手首を骨折。スペインへ戻って手術を実施し、翌戦のアメリカズＧＰが行われる米国テキサス州オースティンへ飛んだ。

ライダーにとって、精妙繊細なスロットル操作を行う右手は、第二の脳、といってもよいほどの重要なボディパーツだ。その重要な右手首を手術し、スクリューで固定したペドロサは、鎮痛剤を使用しながらアメリカズＧＰのレースウィークに臨んだ。結果は７位。

それまでにも、痛々しい怪我を抱えながら走る彼の姿は何度も見てきた。だが、このときのペドロサはレースを終えて、見るからに憔悴しきった表情をしていた。ひょっとしたら、怪我を抱えながら走ったいままでのレースのなかでも、もっとも厳しいレースだったのではないか。すでにチームシャツに着替えて手首をアイシングするペドロサにそう尋ねてみたところ、素直にうなずいた。

「もちろん、今日はもっとも苛酷なレースのひとつだった。金曜にまずはトライしたときの調子のままで3日間を走りきれるとは思っていなかったけど、それにしても厳しかった。完全に消耗しきったよ。いまはとにかく、腫れと痛みに対処しながら回復に努めたい」

次戦以降も、思いどおりのパフォーマンスを発揮できずに苦戦が続いた。手首の負傷がおおむね癒えた後も成績不振が続いたのは、MotoGPクラス全体のなかでとくに軽量な彼は、リアタイヤにしっかりと加重してグリップを稼ぐ、という面で不利を強いられがちだったという点を、指摘しておいてもいいだろう。

引退会見には盟友・青山博一の姿が

そして、前半戦を締めくくる第9戦ドイツGPで、ペドロサはその年かぎりでの引退を発表した。大勢の関係者や取材陣が詰めかけた引退発表会場の片隅には、2004年の250cc時代からともにグランプリを戦ってきた盟友、青山博一の姿があった。青山はペドロサよりもひと足先に現役活動を退き、現在はMoto2とMoto3の両クラスでホンダ・チーム・アジアの監督を務めているのは、すでに述べたとおりだ。

「会見をすると聞いたので、『もしかしたら……』と思って来てみたんですが、やはり引退発表でしたね」

部屋の隅の壁際に立ち、しみじみとした口調でそう話す青山は、寂しい気持ちと祝福したい気持ちが相半ばする、と複雑な心情を述べた。

「自分の好きなスポーツを辞める判断はすごく大変なことだし、決断までには時間もかかったと思う。こうやって皆の前で引退会見をして辞めることができる選手は、ごくひとにぎりです。プロフェッショナルライダーとして、素晴らしい終わりかただと思います」

そして、こう付け加えた。

「あの小柄な体格であのモンスターマシンを扱うのは、じつは皆が思っている以上にすごく大変なことなんです。マルク（・マルケス）はもちろん卓越したライダーだけど、でも、ライダーとしてのセンスは、ぼくはダニのほうがマルクよりも上だと思っています」

最高峰クラスの表彰台総数112は、V・ロッシ（199）、J・ロレンソ（114）に次ぐ歴代3位。総獲得チャンピオンシップポイントは、ロッシに次ぐ歴代2位。

結局、その後もペドロサは最終戦まで表彰台を獲得しなかった。

2001年に125ccクラスへのフル参戦を開始して以来、18年間の世界選手権生活で表彰台に登壇しなかったのは、このシーズンだけだ。さらにいえば、2006年にMotoGPへ昇格以降、一度も優勝しなかったのも、現役最終年になったこの2018年のみである。このシーズンの苦戦が窺えるとともに、これらの事実は、デビュー以来、彼が一貫して高い水準で走り続けてきたことの証左ともいえるだろう。

引退した翌年からは、ホンダを離れてKTMのテストライダーに就任した。

KTMは20年に3勝を含む8表彰台を獲

得した。この戦闘力向上は、19年から陣営に加わったペドロサの貢献が大きく下支えしているのであろうと容易に想像できる。

最近のペドロサは、額の左上部あたりの前髪に、少し白いものが混じりはじめたように見える。それを染めて隠したり取り繕ったりしないところが、いかにも彼らしい。

ＫＴＭのある関係者によると、ペドロサは開発スタッフとのミーティングに自作のレジュメを準備するという。ＰＣで作成した資料をプリントアウトし、会議の席で技術者たちに配布する。ミーティングの最中には、ホワイトボードも駆使して説明を行うのだとか。

「会議の席であんなことまでする、というかできてしまうテストライダーを、初めて見ましたよ」

そういって、その関係者はじつに愉しそうに微笑んだ。そんなところもまた、いかにも現在のダニ・ペドロサらしい姿、といえるのかもしれない。

第8章 マルコ・シモンチェッリ

1987年1月20日生まれ、イタリア・カットリカ出身。2002年にロードレース世界選手権125ccクラスへ参戦開始、06年に250ccクラスへ昇格し、08年チャンピオン獲得。10年にMotoGPクラスへステップアップ。2年目の11年には表彰台に登壇し、本格的な活躍を期待された矢先の第17戦マレーシアGPで決勝中の事故に遭い、24歳で逝去。

金髪アフロの陽気なイタリアン

たしか、２０１０年か２０１１年のどちらかだったと思う。イタリアのリミニ近郊をレンタカーで走っていると、つけっぱなしにしていたカーラジオからいきなりマルコ・シモンチェッリの声が飛び出してきたことがあった。

詳細は忘れてしまったが、何かのＣＭだったように記憶している。ひと声聞いただけですぐにそれとわかる陽気な口調で、彼の大柄な体格がいまにもラジオのスピーカーから飛び出してきそうだった。もうすっかり世の中の人気者なのだな、と感じたと同時に、この国のＭｏｔｏＧＰ人気の高さも改めて痛感するできごとだった。

二輪ロードレース大国のイタリアは、過去から現在に至るまで数々のチャンピオンや名選手を輩出してきた。そのムーブメントは、バレンティーノ・ロッシで頂点に達したといっていい。２０１０年代に入り、そこに新たに加わってきた選手がシモンチェッリだった。

キャラ立ち、という点だけでいうならば、彼は当時のＭｏｔｏＧＰでもっとも目立つ選手のひとりだった。トレードマークは大柄な体格と長い手足。物議を醸すことも厭わない率直すぎる発言も、メディアに数々の話題を提供した。そして何よりも、もふもふとしたアフロスタイルの金髪で、ひときわ目立つ個性と存在感を放っていた。

１９８７年生まれのシモンチェッリがグランプリにフル参戦を開始したのは２００３年、16歳のときだ。デビューを飾ったのはその1年前で、02年のシーズン後半戦だ。１２５ccのバイクが窮屈に見えるほど、この当時からすでに大きな体軀が目立つ選手だった。

才能が本格的に開花しはじめたのは、２５０ccクラスに昇格して以降だ。なかでも中排気量2年目の２００７年は、短かった髪を伸ばしてアフロスタイルにしたことで一気に注目が集まった。当時、ＭｏｔｏＧＰクラスのヤマハファクトリーチームに在籍していたコーリン・エドワーズが、「おまえ、いったいどうやってその髪の毛をヘルメットの中に収めてるんだよ」と笑いながら尋ねたことがあるほど、この時期のシモンチェッリは、その奇抜なヘアスタイルとファッションでパドックの注目を集める存在になっていた。

余談になるが、彼のこのヘアスタイルはパーマではなく、地毛が伸びたものだという。癖の強い天然の巻き毛を伸ばし放題に放置しておくと、耳かきの梵天《ぼんてん》のようなあの独特のヘアスタイルになる、ということのようだ。

シモンチェッリの髪型にまつわるエピソードといえば、彼に目をかけてかわいがっていた同郷の先輩ロッシがこんな発言をしたことがあった。

ロッシとシモンチェッリがともに王座を獲得した、2008年末のことだ。

「シッチも（250ccクラスの）チャンピオンを獲ったんだから、そろそろあのむさくるしい髪をなんとかしたほうがいいよね」

その発言を知ったシモンチェッリは、自分のインタビューの機会にこう返した。

「バレは、おいらのゆたかな髪が妬ましいのさ。彼はこれから髪が薄くなっていく一方だろうから、きっとそんなことをいうんだ。かわいそうだと思うけど、髪は切らないよ」

憎まれ口のようにも聞こえるが、だからこそ、彼らの親密で打ち解けた関係がなおさら感じ取れる、微笑ましいエピソードだ。

青山博一に敗れ250ccの連覇は逃す

250ccクラスを制覇した翌年、誰もがＭｏｔｏＧＰへステップアップすると思っていた。だが、本人は同クラス残留を選んだ。2010年からは中排気量カテゴリーが4ストローク600ccのＭｏｔｏ2へ変更されるため、2ストローク250cc最後のシーズンである2009年にクラスを連覇して最高峰へ昇格する、というプランを立てたのだ。

このシーズンは、青山博一と激しいチャンピオン争いを繰り広げた。最終的には、青山がシーズン最終戦まで続いた厳しい戦いを凌ぎきって、タイトルを獲得。シモンチェッリは連覇を逃す結果に終わった。そして、翌２０１０年にシモンチェッリと青山は、ともにホンダ陣営から最高峰クラスへステップアップした。

ＭｏｔｏＧＰへ昇格すると、シモンチェッリは本格的に存在感を発揮しはじめた。

初年度の10年は、ベストリザルトが４位（第17戦ポルトガルＧＰ）で、年間ランキングは８位。レースを重ねるにつれて成績を上げてゆき、やがて、58というバイクナンバーを見れば誰もがすぐにあの風貌を想起するほど、強い印象を残すライダーになっていた。

ちなみにこの58というバイクナンバーは、２００２年に欧州選手権でチャンピオンを獲った際に使用していたものだ。それ以来、彼はこの番号をラッキーナンバーとして終生、愛用し続けた。

最高峰２年目の２０１１年は、前シーズンの経験を活かして、飛躍を狙ったシーズンだった。所属チームは前年と同じく、サンカルロ・ホンダ・グレシーニ。ファウスト・グレシーニが率いるホンダの名門サテライトチームだ。

開幕戦のカタールＧＰは５位。第３戦ポルトガルＧＰではフロントロー２番グリッドを獲得したが、日曜の決勝は１周目に転倒を喫するもったいないレースになった。

次の第4戦フランスGPでは、決勝レースで2位を争っていた最中にダニ・ペドロサと接触し、ペドロサが転倒して鎖骨を骨折するというアクシデントが発生した。レース後にシモンチェッリは「転倒の原因になったオーバーテイクは無茶な行為ではなく、あくまでフェアな勝負だった」という旨の発言をしたが、これがペドロサ応援団をはじめとする多くのスペイン人レースファンを刺戟《しげき》し、大きな反発を受けることになった。

ペドロサファンの大ブーイングのなか、初ポール

次戦は、ペドロサの実家にほど近いカタルーニャGPだ。しかし、自分たちの英雄が地元レースの欠場を強いられたことに腹を立てた一部のファンは、シモンチェッリに対して脅迫行為を行う事態に発展した。

このときのカタルーニャGPでは、偶然ながらバルセロナ空港でシモンチェッリとばったり遭遇する、というできごとがあった。空港のレンタカー会社で車を借りる手続きを済ませ、駐車場でスーツケースなどを積みこんでいると、隣に停まっている車をピックアップしに、やたら目立つ風貌の若者がやってきた。それがシモンチェッリだった。

チャオ、と挨拶する彼のかたわらには、見たことのない男性がふたりいた。グレシーニ

のチームスタッフではなく、友人や身内のようにも見えない。シモンチェッリは少し照れた笑みを泛かべ、「ボディガードなんだよ」と弁解するような口調でいった。

一部の心ないファンからの脅迫行為に、シモンチェッリは臨時警護を雇うほどの危機感を抱いていた、ということだ。一部ファンの暴走行為を未然に防ぐため、このレースウィークはバレンティーノ・ロッシをはじめとする選手たちやレース関係者が冷静な行動を広く呼びかけた。それらも奏功したのか、じっさいには大事に至ることはなく、シモンチェッリが雇ったボディガードが仕事をしなければならない事態に見舞われることもなかった。

とはいえ、サーキットではシモンチェッリに対する地元観客の反発はすさまじかった。

走行時間にピットアウトするたび、グランドスタンドからいっせいに大ブーイングが沸き起こる。コースから戻ってきてピットインすると、またもやブーイングの大合唱だ。

観客のそんな反応がかえって闘争心に火をつけたのかもしれない。土曜の予選では、MotoGP昇格後初のポールポジションを獲得した。一部のアンチファンにとっては、自分たちの反発が逆効果になってしまった格好だ。ちなみに決勝レースは6位で終えている。

24歳9ヶ月の早すぎる死

その後、3週間後の第7戦オランダGPでもポールポジションを獲得した。初表彰台は、夏休み期間が明けて後半戦がはじまった8月中旬の第11戦チェコGPの3位だった。

その後のレースでは4位フィニッシュが続き、シーズンが終盤を迎える第16戦オーストラリアGPで2位に入った。レースごとにどんどん成績を上げる彼の学習曲線は、皆の期待に応え、それを上回るほどの伸びを示していた。

優勝争いに食いこんでくるのは、もはや時間の問題と誰もが考えた。第16戦から2週連戦となる第17戦マレーシアGPでは、当然のように連続表彰台を期待された。

土曜の予選を終えて、獲得したグリッドは2列目中央の5番手。トップ争いを充分に射程圏内に収めるポジションである。

その決勝レースで、アクシデントが発生した。

スタートをうまく決めたシモンチェッリは、5番手から4番手へポジションを上げた。が、2周目の11コーナー出口で転倒。他車と絡み、即座に赤旗が提示された。レースは赤旗中断の後も再開せず、キャンセルになった。

長い手足を活かした豪快なライディングが身上。物怖じしない率直すぎる発言はときに物議を醸したが、それが同時に愛嬌にもなりうる天性の〈陽〉なキャラクターだった。

24年と9ヶ月の生涯。あまりに早逝がすぎる。

2週間後の最終戦バレンシアGPは、シモンチェッリを追悼する大会になった。クラスや国籍を問わずあらゆる選手たちが、ヘルメットやバイクに〈58〉のステッカーを貼って走行した。この日で22年間の世界グランプリ生活に終止符を打つことを以前から表明していたロリス・カピロッシは、若くして逝った同郷の友人のバイクナンバー〈58〉で現役最後のレースにエントリーした。

決勝レースが行われる日曜の朝には、パレードラップが行われた。1993年の世界王者ケビン・シュワンツが、シモンチェ

最終戦バレンシアはシモンチェッリの追悼レースだったが、誰もが明るく振る舞った。それが故人に対する最大の弔意になることを、パドックの皆が知っていた。

ッリのバイクに乗って先導した。スズキのレジェンドがメーカーの枠を超え、ホンダのマシンに乗ってパレードランを行うのは、異例のことだ。シュワンツの後ろから、全クラス全選手がコース上を走行した。周回を終えてストレートへ戻ってきた選手たちは、ゴールラインにバイクを停め、そこでスロットルを全開にしてエンジン音を轟《とどろ》かせる1分間の豪快な〈黙禱《もくとう》〉を行った。

その直後に、盛大な花火が打ち上げられた。何十発何百発もの音が鳴り渡る晩秋の空の、その向こうに逝ってしまった仲間の顔を思い出し、皆が天を仰いで微笑んでいた。

シモンチェッリが生まれ育った地から指呼の距離にあるイタリアのミザノワールドサー

ミザノサーキットのプレスルーム奥に飾られたパネル（撮影：西村 章）。サーキット手前公道のラウンドアバウトには、シモンチェッリのレリーフを施した石板もある。

キットは、彼の名を冠して正式名称をミザノワールドサーキット・マルコ・シモンチェッリに改称する、と発表した。さらに後年には、彼のバイクナンバー58は永久欠番とされることも決定した。

息子よ、この勝利のすべてをおまえに捧《ささ》ぐ

2013年、父のパオロ・シモンチェッリが「SIC58 Squadra Corse」というチームを発足させた。息子の遺志を継承し、次世代を担うライダーを育成することが目的だ。

180cmを超すマルコ・シモンチェッリの長身はこの人の遺伝なのだな、と思わせる大柄でがっしりした体軀の父は、しかし、いつも朗らかで笑顔を絶やさなかった息子とは対

照的に、あまり多弁ではない。それでも、イタリア人だけに感情の量は多い。握手を交わすと、がっしりとした肉厚な掌から強い思いが電気のように伝わってくる、そんな人物だ。チーム名に織りこまれた息子の愛称（SIC）とバイクナンバー（58）にも、父の強い意志を見ることができる。パオロ・シモンチェッリの本気は、イタリア国内選手権というピラミッドの最底辺から組織をスタートさせたところにも表れている。

2015年には、欧州をカバーするFIM CEV Moto3ジュニアワールドチャンピオンシップへと戦いの舞台を移した。そして、2017年からは世界選手権Moto3クラスへ参戦を開始。草の根レベルから地道に作り上げてきたこのチームが満を持して世界へ挑むに際し、パオロ・シモンチェッリは日本人選手の鈴木竜生《たつき》を起用した。

鈴木は当時19歳。Moto3クラスはこの年、3年目だ。だが実績としては、表彰台はおろかトップ争いすらまだ加わったことがない。

鈴木にもSIC58 Squadra Corseにも、志は充分すぎるほどある。足りないのは、経験だった。チームと選手はともに成長を続けた。

2019年には、上位グループの常連と見なされる存在になっていた。

この年の第13戦、ミザノワールドサーキット・マルコ・シモンチェッリでサンマリノG

優勝後にパオロ・シモンチェッリ（左）と抱き合う鈴木竜生（右）。ときに現実は、虚構作品では描写不可能なドラマを作り上げる。（写真提供：SIC58 Squadra Corse）

Ｐは開催された。チームにとって、まさに文字どおりの地元大会である。

土曜の予選で鈴木はポールポジションを獲得した。

日曜の決勝レースでは、誰かに前を奪われても即座に奪い返す強さとしたたかさを見せ、Ｍｏｔｏ３の初優勝を達成した。トップを狙って貪欲に走り続ける鈴木の、マルコ・シモンチェッリを想起させるカラーリングのマシンには、このときは何かが憑《つ》いていた、とあえていってもいいかもしれない。

勝利の後、パオロ・シモンチェッリはいつも自ら記すレースレポートでこう述べた。

「２０１７年のセパンで、竜生はマルコが

命を落としたコースサイドに設置された銘板の前で写真を撮り、SNSに投稿した。そこにはこんな英文が添えられていた。

『いつの日か、あなたのお父さんを連れて表彰台の頂点に登壇します。どうかそれを、天から見ていてください』

その誓いから2年後の2019年、マルコ・シモンチェッリの名を冠した我々のホームGPミザノで、竜生が成し遂げた。献身的な努力と強靭な意志、けっして挫《くじ》けぬ勇気とともに最終ラップまで戦い、誰よりも早くチェッカーフラッグを受け、約束を果たしたのだ。

息子よ、この勝利のすべてをおまえに捧ぐ」

パオロ・シモンチェッリと鈴木竜生がともに手を携え、世界の最高峰で新たな歴史を刻む瞬間に、我々はいつの日か立ち会うことができるだろうか。

第9章 アンドレア・ドヴィツィオーゾ

1986年3月23日生まれ、イタリア・エミリアロマーニャ州フォルリンポポリ出身。2002年、16歳でロードレース世界選手権125ccクラスへフル参戦を開始。05年から07年まで250ccクラスを戦い、08年にMotoGPクラス昇格。13年にドゥカティへ移籍し、エースライダーとしてチームを牽引、17年から19年まで3年連続ランキング2位。20年8月に同チームと翌年以降の契約を更改しない旨を発表。21年は「休暇」期間として過ごす。

玄人受けするいぶし銀のライダー

いぶし銀、という日本語の表現がじつによく似合う人である。

そんな彼の魅力が存分に発揮されるようになったのは、ドゥカティファクトリーチームに移籍して数年の模索期間を経た後、安定して好成績を収めはじめた2016年頃だろう。それまでの時期、アンドレア・ドヴィツィオーゾという選手はMotoGPの世界でけっして主役の椅子に座るような選手ではなかった。彼に対する印象は、いわゆる〈地味〉なライダー、ということばで語られることがどちらかといえば多かったかもしれない。

けっして生彩を欠くというわけではない。だが、強烈な個性の選手が多い世界で、誰にもわかりやすい魅力を全身でアピールするタイプの選手たちと比べれば、どうしてもおとなしげな印象を持たれがちだった感は否めない。

しかし、それは彼に他を圧する抽んでた特徴がないことを意味するわけではない。たとえば、長年にわたって磨きをかけてきた強烈なブレーキングは、MotoGP全体でも一、二を競うほど卓越した技術の持ち主である。また、自分自身やライバル選手、そしてマシンの挙動などを批評するときのきわめて冷静な観察眼と鋭敏な分析能力にも定評がある。

何より、それらの事象について、論理だてて平明かつ明快に説明できる能力は〈地頭〉の良さをよく示しており、この選手のもっとも優れた特質のひとつといっていいだろう。とはいえ、これらの秀でた能力はいずれも、華やかさや派手なスター性とはどちらかといえば縁遠いのも事実だ。だからこそ、ドヴィツィオーゾという選手は、笑顔や立ち居振る舞いの挙措が広く世の中に愛される華やかな人気者としてのポジションではなく、むしろ、その走りや技術が目の肥えた玄人受けする選手、という立ち位置を確保してきたのだろう。そしてそれはまた、彼の能力が熟成していぶし銀の魅力を放つようになるまでには、それなりに長い年月が必要だった、という事実もよく説明している。

1986年生まれのドヴィツィオーゾがグランプリの125ccクラスにフル参戦デビューしたのは2002年、16歳のときだ。デビュー翌年から頭角を現しはじめ、同世代のケーシー・ストーナー、ホルヘ・ロレンソ、ダニ・ペドロサたちと表彰台を争って04年に同クラス王者となった。05年から07年までは250ccクラスを戦い、08年に最高峰のMotoGPへ昇格を果たす。

この125ccから250cc時代を通じて、ドヴィツィオーゾは常に34番のバイクナンバーを使用していた。これはいうまでもなく、1993年の世界チャンピオン、ケビン・シュワンツが現役時代に使用していた番号だ。ブレーキングの鋭さで他の追随を許さないシュワンツに憧れた少年は、自分自身の走りをヒーローの姿に投影させながら、ライディング技術を研ぎ澄ませていった。MotoGPクラスへ昇格するにあたり、シュワンツの34番は永久欠番となっていることから、ドヴィツィオーゾはひとケタ目の番号4番のみを残して自らのバイクナンバーとした。

ドゥカティ移籍でマルケスと互角の戦いをするほどに

最高峰昇格初年の08年は、シーズン終盤のマレーシアGPで3位表彰台を獲得し、年間総合5位。翌09年にはファクトリーのレプソル・ホンダ・チームへ抜擢された。当時のチームメイトはダニ・ペドロサで、11年にはドゥカティから移籍してきたケーシー・ストーナーが加わり、3名のファクトリーライダーというやや珍しいチーム構成になった。

このホンダファクトリー時代のドヴィツィオーゾは、ペドロサやストーナーに比べると、HRCからの評価がやや低かったようにも見うけられた。けっして冷遇されていたというわけではない。しかし、優勝の実績はウェットコンディションを巧みに乗りきった09年イギリスGPの1回のみ。2位や3位は何度か獲得しているものの、当たり前のようにトップ争いを続けるペドロサやストーナーと比較すると、ドヴィツィオーゾは決定打に欠け、やや慎重にすぎる、という印象を内部から持たれていたのではないか。

じっさいに、この時期のドヴィツィオーゾに単独インタビューを行ったときのことを思い返せば、どちらかといえば無難で優等生的な受け答えに終始していた感がある。後年の彼に特徴的な鋭い観察眼や分析的な批評という資質は、まだ熟成していなかったのかもしれない。この当時の彼はむしろ、神経質な性格、と評されることのほうが多かったようにも思う。たとえば、ヘルメット内装の糸の小さな縫い目が気になる、と注文を出したエピソードなどにも、彼の神経質さはよく表れている。

２０１２年にはヤマハサテライトチームへ移籍し、翌13年にドゥカティへ移った。

バレンティーノ・ロッシが去ったあとのドゥカティは、いわば自分たちのアイデンティティをもう一度立て直さなければならない状況に追いこまれていた。ドヴィツィオーゾの加入に加え、この年の秋からジジ・ダッリーニャという狡智に長《た》けた技術者をアプリリアから招聘して技術部門のトップに据えたことにより、ドゥカティは自分たちの新たな〈核〉を得ることになったといっていいだろう。

この時期のＭｏｔｏＧＰは、共通ＥＣＵ（Electronic Control Unit：電子制御システム）の導

ストーナー時代以降は混迷が続いていたドゥカティで、ドヴィツィオーゾは粘り強く方向性を探究し続けて強豪チームへ立て直した。その成果が2017年以降に結実する。

入を巡って、マシンの技術仕様に関するルールが大きく揺れ動いていた時期である。ダッリーニャはそのルールの仕組みを巧みに利用して、ファクトリーチームでありながらファクトリー扱いされない規則が適用される方法を採用した。簡単にいえば、ルールの隙を突いたわけで、これによりマシン開発を有利に進めていった。

ドヴィツィオーゾが、明快かつ分析的でありながら含蓄のあることばを発するようになったのも、この時期からだ。

ドゥカティのバイク作りは独特で、エンジンには吸排気バルブを機械式操作で強制開閉するデスモドロミック機構を一貫して採用している。デスモセディチというドゥカティのマシン名はこの機構が由来になっているが、その名前にひっかけて、ドヴィツィオーゾはいつしか〈DesmoDovi〉（デスモドビ）という韻を踏んだ愛称で呼ばれるようになった。

ダッリーニャの陣頭指揮のもとで着々と力をつけはじめたドゥカティは、やがて、かつて以上の強さを発揮して強豪の地位を取り戻した。ドヴィツィオーゾは16年終盤戦のマレーシアGPで、09年のホンダ時代以来となる2回目の優勝を達成。翌年以降は、ドゥカティの熟成とも相俟って、熾烈な優勝争いを繰り広げるトップライダーとしての地位を確立する。17年から19年までの3シーズンは、いずれもランキング2位で終えている。

これらのシーズンで、チャンピオンのマルケスを相手に一騎打ちのバトルを繰り広げて彼を押さえこみ、複数回の勝利を挙げているのはドヴィツィオーゾだけだ。

17年のオーストリアGPは0・176秒、日本GPでは0・249秒、18年のカタールGPで0・027秒、19年のカタールGPも0・023秒。そして、この年のオーストリアGPでも0・213秒、といずれもマルケスとの直接対決を僅差で制している。

「ぼくはペシミストじゃない。リアリストなんだ」

一方で、ドヴィツィオーゾは常に、自分たちの抱える問題に対して沈着冷静な指摘も続けてきた。強力な動力性能という武器を持つ反面、旋回性の悪さは積年の改善課題で、ドヴィツィオーゾはそれを〈ドゥカティのDNA〉と表現した。また、この欠点が浮き彫りになって結果を出せないレースウィークには、「これがぼくたちのリアリティ（等身大の姿）なんだ」といいあらわすことも多くなった。

そのような見方に対して「あなたは少々悲観的ではないのか？」と尋ねられたこともあった。だが、その際には「ぼくはペシミストじゃない、リアリストなんだ」ということばで返した。これもまた、いかにもドヴィツィオーゾらしいことば遣いだ。

ドヴィツィオーゾらしい、という点では、2017年のエピソードを挙げておきたい。

この年はマルケスを相手に最終戦までチャンピオン争いを繰り広げ、勝利数ではマルケスと同数の6勝を挙げた。彼が初めて檜舞台《ひのきぶたい》に立ったのは、おそらくこのシーズンだ。

バレンシアGPの最終戦でチャンピオンを獲り逃した日、ドヴィツィオーゾがレース後の取材でドゥカティのホスピタリティ施設に姿を現したときのことだ。取材陣やチーム関係者からいっせいに、シーズンの健闘を称える拍手が起こった。ドヴィツィオーゾは被っていたキャップのひさしを右手でつまんで軽く持ち上げて謝意を表し、質疑応答のシートに着席した。そして、照れたような笑みを泛かべてこんなことを述べた。

「目立つのは苦手なんだ。友だち同士ならまだしも、衆人環視の注目を浴びるのは得意じゃない。だから、いまみたいにいきなり皆の視線が集まるのは対処に困ってしまうよ」

自らの性格についてさらに問われると、こう続けた。

「写真を撮ろうと集まってくる人たちより、気心の知れた人と一緒にいたほうが正直なところ、落ち着く。もちろん、多くの人々が注目してくれることには感謝をしている。でも、自分から名声を追いかけるようなことはしたくない」

世間の自分に対する見方が変わってきた、と感じたのはいつ頃か、と尋ねられた際には、冷静に自分自身を客観視してみせた。

「2016年の半ば頃までは、おそらく皆がぼくのことを『速くて強いライダーだけど、何かが足りない』と見なしていたように思う。最後のひと押しで根性がないとか、最高の結果を得られるライダーじゃない、なんてね。

どんな競技でもそうだけど、選手は一度イメージができあがると、たいていそれがずっとついて回る。成績が良くなると『バイクが良くなったからだ』といわれることがその好例だ。でも、なかには努力を続けてじっくり成長していくタイプもいる。ぼくのように現役生活も四分の三に差し掛かった頃になって成長するのは、確かに珍しいケースかもしれ

日本メーカーに独特の企業文化があるように、イタリアにも独自の企業風土がある。ドゥカティと相性がよさそうに見えたドヴィツィオーゾにも、水面下では亀裂があった。

ない。たいていは、それまでのレベルを維持しながら少しずつ衰えていくものだから」

いずれにせよ、迷走状態にあったドゥカティを現在の地位まで押し上げた最大の功労者がドヴィツィオーゾであることはまちがいない。だからこそ、おそらく彼はこのままドゥカティでライダー人生を最後までまっとうするのだろう、と誰もが考えた。

2021年は参戦を見合わせる

だが、両者の関係は必ずしもうまくいっていたわけではなかったようだ。

長年の懸案である旋回性の向上を求め続けるドヴィツィオーゾに対して、トップスピードと加速という優れた動力性能を活かすことで好成績を挙げられるはずと考えるメーカー側の溝はついに埋まらなかった。

２０２０年の春先には、２０２１年以降の契約更改を巡る交渉がうまく進んでいないようだ、という話が水面下で囁かれはじめた。そしてその情報は少しずつ、じわじわと広がってゆき、やがて8月中旬に、ドヴィツィオーゾは「来季は契約を更新しない」と発表した。だが、この時期になってドゥカティを離れると表明したとはいえ、ほとんどのチームのシートはすでに埋まっている。新たな行き場のめどが立っているわけではないのだ。

結局、２０２１年は1年間参戦を見合わせて翌年以降の復帰を目指すことになった。しかし、１９８６年生まれのドヴィツィオーゾの年齢は、２０２０年シーズンを終えてすでに30歳代半ばに達している。一方で、２０１３年以降6回のタイトルを獲得したマルク・マルケスは20代後半、２０２０年を制したジョアン・ミルに至っては20代前半の選手である。

また、ドヴィツィオーゾと同時期にデビューして、同じようなタイミングでクラスを上がってきたダニ・ペドロサ、ホルへ・ロレンソ、ケーシー・ストーナーら同年代のライダーたちは、いずれもすでに第一線から退いている。ドヴィツィオーゾが今後も現役活動の意思を示したとしても、彼と交渉をするメーカーやチームの側から見た将来的な活動可能期間を考えると、現役継続の道はかなり細く険しくなっている。それが、すでに30歳代半ばに達したドヴィツィオーゾを巡る〈リアリティ〉だろう。

だが、フル参戦選手としての復帰が困難だとしても、2022年以降に、彼が仮にどこかの陣営で開発活動に従事することになったとして、テストライダーたちがしばしばそうするように、ときおりワイルドカード枠で実戦開発を兼ねてレースに参戦し、もしもその際に表彰台に絡む走りを披露するようなことがあれば、そのときこそまさに〈いぶし銀〉の天稟《てんぴん》が発揮される大いなる機会となるのかもしれない。

参考までに、記録に残る最高齢の優勝者は、ファーガス・アンダーソンの44歳237日（1953年10月4日・スペインGP）である。

第10章 加藤大治郎

Kato Daijiro

1976年7月4日、埼玉県生まれ。1997年に全日本ロードレース250ccクラスチャンピオン、2000年からロードレース世界選手権250ccクラスへフル参戦を開始。翌01年に11勝を挙げてチャンピオンを獲得。02年からMotoGPクラスへステップアップ。03年開幕戦、鈴鹿サーキットで行われた日本GP決勝レース中の事故により逝去。26歳没。

日本人初の最高峰王者誕生を目撃するために

「去る者は日々に疎し」ということばがある。しかし、年月の経過にかかわらず、その生きた証がけっして色褪《いろあ》せない、という人々がごく稀《まれ》にいる。

加藤大治郎という人物はまちがいなく、そのひとりだ。

あれから18年の歳月が経《た》つことが、にわかには信じがたい気もする。もう18年、といえばいいのか。あるいは、まだほんの18年前、というほうが妥当なのか。そのあたりは個々人の時間感覚によってさまざまだろう。だがいずれにせよ、ひとつたしかなことは、加藤の現役時代を知らない世代の選手たちがいま続々と成長し活躍しはじめている、ということだ。

そのなかでもとりわけ日本人選手たちに共通しているのは、加藤が活躍した時代を知らない若いライダーたちも彼らの先輩たちと同様に、いまだ見ぬ加藤の背中を追い続けることをおそらくは運命づけられている、ということだ。その影に追いつき、自分なりの方法で乗り越えることができたとき、彼らは世界のトップライダーになるのだろう。

この章にかぎっては、やや私的なことに少しだけ言及をさせてもらおうと思う。

いままでほとんど他言したことはないが、じつは自分がＭｏｔｏＧＰを追いかけて世界を転戦取材しはじめたのは、日本人が世界最高峰クラスのチャンピオンを獲得する歴史的瞬間をこの目で目撃しなければならない、と考えたことが大きな理由のひとつだった。

当時の二輪ロードレースをご存じの方々なら、きっと首肯いただけるだろう。

彼がＭｏｔｏＧＰの世界王者になること、あるいは少なくともタイトル争いをすることは「まだ現実化されていない将来の事実」といった程度に確かなことであるように見えた。

１９９０年代後半に全日本ロードレースで見せた躍進や鈴鹿８耐での活躍、鈴鹿の日本ＧＰ２５０ccクラスにワイルドカード枠で参戦した際に、欧州のレギュラー選手たちを寄せつけずあっさりと優勝してしまう姿、等々……。才能が全身からほとばしる、という表現は大仰な比喩でもなんでもなく、彼に関してはただの事実の描写にすぎなかった。

この時代は、どのカテゴリーでも日本人選手たちが世界の第一線で活躍していた。１２５ccクラスでは坂田和人や青木治親がそれぞれ複数回のタイトルを獲得し、上田昇や眞子《まなこ》智実《ともみ》たちも毎戦当たり前のように表彰台に登壇した。２５０ccクラスでは原田哲也が鮮やかな天才性を見せつけ、宇川徹《うかわとおる》は気魄《きはく》に充ちた走りで表彰台に絡み続けた。最高峰の５００ccでは、岡田忠之が優勝を争い、阿部典史が規格外れの速さを披露した。また、ＳＢ

Kの世界に目を転じると、芳賀紀行《はがのりゆき》がトップライダーとして人気を席捲《せっけん》していた。日本は、速く強く優秀な選手たちを次から次へと輩出し、世界へ送り出し続けた。その一連の潮流のなかで、まさに満を持して登場してきたのが、加藤大治郎だった。

原田哲也との新旧天才対決を制す

世界グランプリの250ccクラスへフル参戦を開始した2000年から、加藤は優勝争いに加わった。まずは、加藤大治郎に関する歴史的事実をいくつか簡潔にまとめてみよう。

1996年に初めてワイルドカード枠で参戦した鈴鹿の日本GPでは、いきなり3位表彰台を獲得。翌97年にふたたび鈴鹿に登場した際に優勝を達成し、98年も優勝。

そんなライダーが本格的にグランプリ参戦を開始すれば、最初からチャンピオン争いの一角を占めるのは自明の理である。じっさい、2000年開幕戦南アフリカのウェルコムサーキットではいきなり2位に入った。このときの優勝は、全日本時代からの熾烈なライバルで、加藤よりも1年先に参戦を開始していた中野真矢《しんや》。3位に入ったのは、日本の地方選手権時代からの先輩でもある宇川徹だ。このレース結果は、加藤の並外れた資質と同時に、中野や宇川たち日本人ライダーがいかに図抜けたレベルで争っていたかということも示している。

第2戦マレーシアGPでも、加藤は3位に入り、開幕2戦で連続表彰台を達成した。そして、第3戦は日本GP、鈴鹿サーキットだ。このレースで加藤はポールポジションを獲得。決勝レースでも、宇川と中野を相手に三つ巴のバトルが続いたが、ふたりを僅差で制してトップでゴールした。フル参戦3戦目のシーズン初勝利だが、グランプリキャリアとしては3勝目、という常識はずれのリザルトである。

第4戦スペインGP以降の欧州ラウンドは加藤にとっていずれも初めて走行するコースばかりだが、当たり前のように毎回表彰台争いを続けた。

結局、このシーズンは日本GPを含む4勝、2位2回、3位3回という成績で、シーズン終盤までチャンピオン争いに加わり、最終的に年間総合順位でランキング3位となった。

翌2001年は、原田哲也と一騎打ちのシーズンになった。93年にフル参戦を開始してその年にチャンピオンを獲得した原田との激戦は〈新旧天才対決〉と呼ばれ、当時の日本では大きな注目を集めた。ポールポジションの獲得回数は、加藤の6回に対して原田が8回。レースでは、加藤が16戦中11勝を挙げてチャンピオンを獲得した。

ＭｏｔｏＧＰ初年度に非力な５００㏄マシンで健闘

そして、２００２年。最高峰クラスを戦うオートバイの技術規則が、２ストローク５００㏄から４ストローク９９０㏄へ変更された。大きなルール変更の過渡期ということもあり、このシーズンは２スト５００㏄と４スト９９０㏄が混走するシーズンになった。

世界最高峰へ昇格した加藤は、５００㏄のホンダＮＳＲ５００でこのシーズンに挑む。

開幕戦の日本ＧＰ鈴鹿は、日曜の決勝レースが雨になった。朝から降り止まない難しいコンディションのなか、ホンダファクトリーのバレンティーノ・ロッシがＲＣ２１１Ｖで優勝を飾った。2位はスズキ、３位はヤマハの４ストローク勢で、ＭｏｔｏＧＰマシン勢が総じて圧倒的な強さを見せた。５００㏄勢は、ヤマハＹＺＲ５００を駆る阿部典史の５位が最上位だった。加藤は10位という結果に終わった。

第2戦の南アフリカではロッシのチームメイト宇川徹が優勝。ロッシが2位。ここでも、ホンダの４ストローク９９０㏄マシンＲＣ２１１Ｖが圧倒的な強さを見せた。あるいは、ＭｏｔｏＧＰマシンの無慈悲なまでの速さに対して２ストローク５００㏄の非力さが白日の下に晒《さら》されたレース、といってもいいかもしれない。

第3戦からは舞台を欧州へ移し、本格的なヨーロッパラウンドが始まった。欧州初戦は恒例のスペインGP、アンダルシア地方のヘレスサーキットだ。

このレースで、加藤は2位に入った。

ヘレスはレイアウト的に長い直線がなく、短いストレートを高中低速コーナーが繋いでいく構成のサーキットだ。このコースで、予選を終えてポールポジションはロッシ。加藤はフロントロー右端の4番手からのスタートとなる（当時のグリッドは1列4台の構成）。

日本からの大きな期待と同様に、高い資質と将来性は欧州でも注目された。いつも〈自然体〉であることが、さらに人気を呼んだ。

全27周の戦いは、ロッシと宇川のRC211Vが先行した。非力な2ストロークNSR500の加藤はブレーキングとコーナーで詰めてなんとか食いつこうとするが、RC211V勢はコーナー立ち上がりからの加速で無残なくらいにあっさりと引き離していく。

そんな状況でも、加藤は宇川を

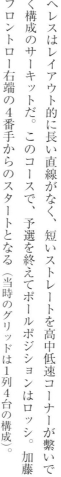

追い詰めてゆき、最後はロッシまで1・190秒差の2位でゴールした。表彰台に登壇した加藤も溌溂としていたが、表彰台下でそれを祝福するチームスタッフのうれしそうな表情が印象的だった。

そして何より、非力なマシンで2位を獲得したこの選手は、やはりまぎれもなく天才である——欧州の南端イベリア半島の南部アンダルシア地方の、さらに南の果てにあるヘレス・デ・ラ・フロンテラのサーキット表彰台下で、そんなことをぼんやりと考えていた。

RC211V初ライドでいきなり2位

その後のレースは、ロッシとRC211Vが快進撃を続け、加藤は苦しい戦いが続いた。スペインGP以降、フランス、イタリア、カタルーニャ、オランダ、イギリス、ドイツ、とすべてのレースでロッシが優勝を収めた。圧巻の7連勝である。

その状況に変化の兆しが見えたのは、夏休み期間を経てシーズンが再開した8月末の第10戦チェコGPだ。このレースから、加藤にもRC211Vが支給されることになった。

少し話が脇道に逸れるが、MotoGPがサマーブレイクに入っていたこの期間に、日本で行われた鈴鹿8時間耐久ロードレースについて少し触れておきたい。

2002年第10戦チェコＧＰ。ＲＣ211Ｖが支給されるのは、ファクトリーチームのレプソル・ホンダ両選手（Ｖ・ロッシ、宇川徹）に続き、加藤が３人目だった。

このレースに加藤は、当時ホンダＳＢＫのエースだったコーリン・エドワーズとペアを組んで参戦し、優勝している。加藤が8耐で優勝を飾るのは、２０００年に宇川とペアを組んだとき以来、２年ぶり2回目だ。8耐では、表彰式の最後に花火を盛大に打ち上げることが恒例になっており、そのカウントダウンの栄誉に浴すのが優勝ライダーたちだ。

表彰式の最後に司会者が、加藤とエドワーズに対して、花火点火のカウントダウンを観客と一緒にコールするように告げた。そのとき加藤は、ぼそりと司会者に尋ね返した。

「えっと……。これは、数字が3から増えていくんですか、減るんですか？」

話をＭｏｔｏＧＰの２００2年シーズンに

戻そう。

サマーブレイクが開けた後半戦初戦の第10戦チェコGPで、加藤はその週末に初めてRC211Vを走らせた。にもかかわらず、予選ではポールポジションに0・094秒という僅差の2番グリッドを獲得。決勝レースでも2位に入った。

その卓越した順応性の高さゆえに、このときのパドックでは「きっとどこかでこっそりテストをしていたに違いない」という陰謀論めいた憶測も一部で流れた。だが、そのような邪推は、むしろ彼の抽んでた才能を示す例証でしかなかった。

天才とはそもそも、それぞれがそれぞれにオリジナルなものであろう。そのありかたが他に類を見ない独自のものであるがゆえに、彼らはその抽んでた能力を世に屹立《きつりつ》させている。加藤大治郎に関していえば、その才能が傑出していることはすでに万人の認めるところではあったが、160㎝少々の小さな体軀の裡に秘めている能力の質と量の全体像については、その巨大な全貌を現しきるにはまだ至っていない。誰もが驚くような成績を残したからこそ、そんなことをさらに強く思わせたチェコの週末だった。

栃木県のツインリンクもてぎで行われた秋のパシフィックGPでは、ポールポジションを獲得。決勝にも大きな期待が集まったが、このときはクラッチに不具合が生じてリタイアとなった。8周目の90度コーナーで加藤のマシンがスローダウンしたときは、実況放送が大声で叫び、観客席からは大きなため息がどよめいた。

このシーズンは結局、ランキング7位で終えた。2ストロークマシンから4ストロークマシンへと時代が大きく移り変わっていく節目の年であり、加藤にとっても最高峰クラスのデビューイヤーとして、さまざまな話題が詰まった1年間だった。

そして運命の開幕戦、鈴鹿

翌2003年、シーズンが開幕する直前の最終プレシーズンテストでその姿を見たとき、彼の小柄な体格の首回りはいっそう逞《たくま》しく、太くなっていた。胸板もさらに厚みを増していることは、着衣越しにも充分に見てとれた。加藤のマネージャーは、圧倒的なパワーのあるＭｏｔｏＧＰマシンを意のままに扱うため、冬のあいだに徹底的なトレーニングを重ねてきた成果だ、と話した。

その数日後に、開幕戦が鈴鹿サーキットで始まった。

金曜初日の晴天から一転し、土曜は冷たい雨の降る一日になった。この当時は、金曜午後に予選1回目、土曜午後に予選2回目を行い、その2回のセッションのベストタイムで決勝のグリッド位置を決定していた。土曜の予選2回目が劣悪なコンディションで金曜のタイムを更新できないのであれば、走行する意味はない。多くの選手は、路面状態を確認する走行程度で、ほとんどの時間をピットボックスの中で過ごした。

加藤は、けっして走りやすいとはいえないウェットコンディションのなかでも、積極的にコース上に姿を見せ、誰よりも多い10周以上を走行した。

決勝日4月6日は、この季節らしい穏やかな明るい日射しが降りそそぐ一日になった。

ＭｏｔｏＧＰのレースは午後2時1分47秒にスタートした。

3周目、130Rの立ち上がりでアクシデントが発生した。加藤は4周目のスタートラインに戻ってこなかった。レースは中断せずに最後まで行われた。パドックの情報は錯綜《さくそう》していた。観客席もおそらく、確たる情報がないまま混乱していたことだろう。

それでも空は晴れていた。静かに晴れわたり、穏やかな陽光が射し続けていた。

3週間後に、2003年第2戦が南アフリカで行われた。このレースでは、チームメイトのセテ・ジベルナウがロッシとの接戦を制し、劇的な優勝を飾った。ウィニングランでジベルナウは、天を仰いで指さした。

第3戦のスペインGP、ヘレスサーキットは、前年のレースで加藤が非力なNSR50

250cc時代からチーフメカニックを務めるファブリツィオ・チェッキーニ（右）と。素朴な人柄と天性の速さの不思議なギャップが、多くの人々を魅了した。

0を駆って2位に入った場所だ。

このレースウィークでは、最終コーナーに近い観客席で、加藤のバイクナンバー74を大書した手製のフラッグが翻っていた。土曜の予選が終わった夕刻に、その旗のもとへ行って持ち主を捜した。そこには、マラガからやってきたと話すスペインの若者たち10人ほどのグループがいた。彼らは、手作りの旗を作って掲げることで、あまりにも突然に逝ってしまったライダーに対する自分たちの気持ちを表したいのだ、と語った。

彼ら欧州のファンの目に、この選手の姿はどんなふうに映っていたのだろう。摑みどころがなさげでふわふわした雰囲気が醸し出す謎めいた愛嬌と、バイクに乗った途端に圧倒的な速さを見せつけるその落差が、おそらく大きな魅力のひとつであったのだろうことは想像がつく。ただ、自分自身についていえば、その全体像を取材者としてついに捉えきることができなかった、という思いはいまも強く残る。

視界に収まりきらないほどの大きな才能の、片鱗程度の部分は見ることができたかもしれない。しかし、逆説的ないいかたになってしまうが、片鱗を見たからこそ、あまりに巨《おお》きな姿のすべてを視野に収めきることができなかったのではないか、とも思う。

多くの人が語る、ピットボックスでうたた寝をしているところを起こされて、寝起き状態で走り出したにもかかわらず圧倒的なタイムを記録したという逸話が示す微笑ましさと凄味は、なぜ彼のなかで同居できていたのか。穏やかでのんびりした日頃の物腰とは裏腹な、転倒したときなどにときおり垣間見《かいまみ》えるヘルメットの中の鋭い眼光の奥では、どんな感情がうねっていたのか。そして、彼がその裡に秘める巨大な質と量の〈人間の性能〉がすべて解き放たれたときには、いったいどれほどの走りを披露し、成績を残していたのか。

それを見て、知って、記録することが、欧州の転戦取材を開始した契機のひとつだった。しかし、結局のところそのほとんどは自分にはわからずじまいで、その一端を突き止めることもできなかったような気がする。

第4戦フランスGPから、加藤の後輩にあたる清成《きよなり》龍一が、加藤のかわりに彼のチームで参戦を開始することになった。加藤のチームメイトのジベルナウは、そのフランスGPでも勝利を挙げた。清成は13位で完走した。ジベルナウはその後も、ロッシとシーズン終盤までタイトル争いを繰り広げ、年間ランキングを2位で終えた。

ロッシは数年後に刊行した自叙伝で、一章を割いて加藤について記した。

翌2004年3月には、NHKが加藤の足跡を50分のドキュメンタリー番組として放送した。パッケージ商品でも、数点のDVDが映像記録として発売された。書籍としては、写真集が2003年秋に1冊、そして、国内外の関係者や選手たちの証言を富樫ヨーコ・佐藤洋美両氏が集成した労作の記録集が1冊、2004年に刊行された。

MotoGPのレースを運営するDORNAは、加藤が没した年の秋にMotoGP殿堂入りとバイクナンバー74の永久欠番を発表した。

おそらくは確実に達成したはずの偉業を成し遂げないまま、26歳という若さで逝った「巨人」は、いまもなお世界と日本の二輪ロードレース界に影響を与え続けている。

にもかかわらず、その業績の全体像を後世に伝える評伝・伝記の類は、まだ記されていない。スポーツ史に大きな足跡を残した人物の姿として、彼の生涯と影響力のすべてを文字の形で定着し後世へ伝えてゆく史書は、いつ書かれてもけっして遅すぎることはないだろう。

加藤大治郎という巨大な山塊の全容と、その存在が後世へ及ぼす作用の普遍性が、いつの日か、世界のどこかにいる優れた書き手によって、21世紀前半のスポーツ界を象徴する人物の評伝として書き遺されることを望みたい。

第11章 玉田 誠

Tamada Makoto

1976年11月4日、愛媛県生まれ。95年に全日本ロードレース選手権250ccクラスデビュー。99年にスーパーバイククラスへステップアップし、2001年にホンダファクトリーのチーム・キャビン・ホンダに加入。03年、ブリヂストン契約でMotoGP参戦を開始、初年度から表彰台に登壇する活躍を見せる。2年目シーズンの04年第7戦リオGPで優勝、同年第12戦日本GPではポールトゥウィンを達成した。08年から2年間はスーパーバイク世界選手権（SBK）に参戦。その後、アジアロードレース選手権参戦などを経て、現在はアジア圏全域を視野に入れた後進の育成に取り組んでいる。

自分も大治郎のクラスに行って戦いたい

これは一部ではよく知られた話だが、玉田誠はホンダのファクトリーライダーという地位をなげうってＭｏｔｏＧＰへ行った。２００３年シーズンのことだ。

２００２年の玉田は、全日本ロードレース選手権にホンダファクトリーのチーム・キャビン・ホンダから参戦していた。玉田にしてみれば、これはようやく摑んだファクトリーのシートだった。

全日本ロードレース時代の玉田は、２５０ccクラスを経て１９９９年にスーパーバイククラスへ昇格。このシーズンの最終戦、ツインリンクもてぎで初優勝を果たした。この年の玉田は、少年時代に九州の地方選手権を戦ったチーム高武《こうたけ》ＲＳＣからの参戦で、勢いのある走りと１００番というユニークなバイクナンバーで注目を集めはじめていた、そんな矢先に達成した優勝だった。翌２０００年も同チームから参戦して、ランキング３位。これらの走りが評価されて、01年シーズンにホンダファクトリーライダーとなった。

その01年シーズンには、宮城県のスポーツランドＳＵＧＯで開催されたＳＢＫの日本大会で、ワイルドカード参戦ながらダブルウィンを達成（ＳＢＫでは通常、１大会で２レースが開催される）している。このウィークでは、練習走行中にある先輩日本人ライダーと玉田の走行ラインが交錯するできごとがあった。

セッション終了後、「ちゃんと前を見て走れ！」と怒鳴りつけるその先輩ライダーに対し、玉田は口頭でこそ謝罪しながらも、（よしよし、オレのことを意識しているな）と内心でほくそ笑んでいたという。当時の玉田は24歳。全日本時代、裡に秘めていた己の志について、後年になってこんなふうに語ったことがある。

「あの頃は、『ファクトリーに入らなければ何も始まらない、絶対にファクトリーライダーになるんだ』という気持ちでレースをしていました。自分が育ったサテライトチームで学んだことを土台にファクトリーに入れば、もっと速く、強いライダーになれる。あの時代は日本のファクトリーチームにも、そういう環境があったんです。しかも、当時のスターティンググリッドには、『こいつ、人を殺すつもりなんじゃないか』というくらいに、ピンと張り詰めた緊張感があった。でも、それくらいの強い気持ちで走らなければ、世界を相手に戦っていくことなんて到底できるわけがないと思うんですよ」

２００１年と02年の２シーズン、玉田はＨＲＣ契約ライダーとして全日本ロードレースのスーパーバイククラスを戦った。日本では、選手として最高の待遇といっていい。しかし、彼の目指すべき場所はさらに高いところにあった。

「ぼくらの時代は、たくさんの日本人がグランプリの125ccや250cc、最高峰クラスで走っていました。皆が当たり前のように何回も優勝していたし、チャンピオンも何人もいました。一緒に日本で走っていた人たちが世界で活躍している姿を見ると、『オレにもできる』と思うじゃないですか」

とくにチーム高武時代からの親友、加藤大治郎がトップライダーとして戦う姿は何よりも大きな刺戟になった。加藤が250ccクラスで参戦初年度から圧倒的な速さでチャンピオン争いを繰り広げる姿を目の当たりにすると、自分も早くそこに行きたい、そこで加藤とトップ争いをしなければならない、という思いはなおさら強くなっていった。

ブリヂストンの誘いに即答「行きます!!」

しかし、ここでひとつ大きな問題が現れた。全日本ロードレースのルール変更により、03年シーズンからすべてのファクトリーチームは参戦を停止することになったのだ。

玉田は、岐路に立たされた。このとき、まったく思いがけない方向から玉田にアプローチしてきた人物がいる。タイヤメーカー、ブリヂストンのモーターサイクルレーシングマネージャー、山田宏だ。山田が陣頭指揮を執るブリヂストンは、1991年にグランプリの世界へ飛びこみ、125ccクラスへの挑戦を開始した。少しずつ実績を積み重ねて、ついに2002年からは最高峰クラスの参戦に打って出た。

当時のタイヤブランドは、ミシュランが君臨していた時代だ。MotoGPの経験がない新参メーカーなど、レースの表も裏も知り尽くしたタイヤ界の大巨人の前にはとても歯が立たない。チャレンジ初年度の02年は、一度も表彰台を獲得せずにシーズンを終えた。

挑戦2年目の03年に、さらなる攻めの体制を作ろうとした山田が目をつけたのが、全日本でイキのいい活躍を見せていた玉田だった、というわけだ。

だが、このときの山田と玉田のあいだにはまだ面識がなかった。スペインのバレンシアサーキットにいた山田は、知人に教えてもらった玉田の携帯番号へ電話をかけた。日本で電話を受けた玉田は、友人たちと食事の最中だったという。

「ごめん。なんか、ブリヂストンのヤマダ、とかいう人からかかってきたんだけど……」

友人たちに断り、やや不審に思いながらも話をよく聞いてみた。顔も知らぬ男性が電話の向こうで喋《しゃべ》る内容は、予想もしない提案だった。

〈もしよければ我々と一緒に、来シーズンからMotoGPへ挑戦しませんか……?〉

玉田に否やのあるはずがない。

「はい！　もちろんです。行きます行きます。よろしくお願いします!!」

千載一遇のチャンスに、ふたつ返事で了承した。まるでシンデレラストーリーのような、突然に降って湧いた幸運だ。それを逃さずに摑んだ玉田誠は、グランプリへの参戦を実現させた。

一方、これを山田の側から見れば、入念に計画した作戦が狙いどおりに奏功した成果、ということになる。さまざまな候補から玉田に白羽の矢を立て、受け入れ側のチームとも入念な交渉を済ませ、チーム側に未知のライダーが持つポテンシャルの高さと可能性を説明し、納得を引き出している。バレンシアから電話をしたときは、あとは玉田がＯＫといえばプロジェクトが動き出す状態へ準備を整えていた。

このようにして、ブリヂストンの野望と玉田の情熱が嚙みあい、さらに、前年までファクトリー契約を交わしていたホンダの理解とサポートもあって、ＭｏｔｏＧＰ参戦が実現した、というわけだ。

大ちゃんには感謝と尊敬しかない

念願の世界最高峰へ辿り着いた玉田だが、親友であり目標でもあった加藤大治郎と同じグリッドについたのは、開幕戦鈴鹿の1回だけになった。このシーズンを終えた冬、加藤のことについて尋ねたとき、玉田はことば少なにこう述べた。

「『ありがとう』ということばしか出てこなかったですね。遺影の前で『ありがとう、ありがとう……』、それだけをずっといっていたような気がする」

加藤に対する敬意は、いまも変わることがないという。

「あれだけトレーニング嫌いだった大ちゃんが、MotoGPに上がると徹底的に自分を追いこんで、さらに厳しいトレーニングをずっと続けていた。普段の大ちゃんだけ見ているると、のほほんとしているように思うかもしれないけれども、その裏では勝つためにものすごい努力と準備をしていた。レースでサーキットを走っているところを見ているだけならけっしてわからない部分を、いつも間近で見てきた。だから、ぼくは親友でありながら、大ちゃんをずっと尊敬しているんです。その気持ちはいまでも変わらない。

いまのライダーでいえば、たとえば（マルク・）マルケスなんて、毎日とんでもない量と質のトレーニングをしている。要するに、才能というものは他人以上の努力を当たり前のようにできるかどうか、だと思うんですよ。タイヤが滑ったとかバイクがうまく曲がらないとか、そんなものは自分でどうにかしろ、って話なんです」

ＭｏｔｏＧＰの世界へ飛びこみ、ブリヂストンと二人三脚の挑戦を開始した玉田だが、２００３年に最高峰クラス挑戦２年目だったブリヂストンは、この時期まだ、圧倒的パフォーマンスを発揮するには至っていない。ミシュランとブリヂストンは、数年後に〈タイヤ戦争〉といわれるほど激烈な開発競争を繰り広げるが、この時期のブリヂストンはまだ、ミシュランの足下に及ばない水準だった。

山田たちは、切歯扼腕《せっしやくわん》する思いをこらえながら懸命に開発を続けた。玉田も開発陣に数々の指摘や注文を出していたはずだ。予選や決勝レースを終えた玉田が、これは書けない話なんですけどね、と前置きしたうえで、

「やっぱり、黒くて丸いヤツの差なんですよ」

苦笑しながらことば短くそう話すことが何度もあったことは、いまなら明らかにしても差し支えないだろう。だが、当時はブリヂストン契約のライダーとして参戦している以上、選手のコメントとしてタイヤに対するコンプレインは表立って口にすることができない。だからこそ、よけいに悔しい思いを抱えているであろうことは、容易に推察できた。

もてぎで表彰台、しかし後に失格処分に

そんな状況に変化の兆しが現れたのは、第12戦のリオGPだった。

ジャカレパグアサーキットはブラジルのリオ・デ・ジャネイロ郊外にあったコースで、グランプリ初年度の玉田にとっては、もちろん初めて走行するコースだ。にもかかわらず、その会場で玉田は3位を獲得した。世界選手権に参戦を開始してからまだ5ヶ月、12回目のレースでの表彰台獲得である。玉田にとっても、そしてブリヂストンにとっても、これが記念すべき二輪ロードレース世界最高峰での初表彰台になった。

その翌戦、ツインリンクもてぎで行われた第13戦パシフィックGPでも、玉田は2週間前の表彰台が偶然ではないことを、日本の観衆の前で証明した。優勝は、この年にヤマハからホンダ陣営へ移籍したマックス・ビアッジ。圧巻の独走劇で、3・7秒差の2位にはバレンティーノ・ロッシが入った。そして、ロッシから約1秒後に、玉田が3番手でゴール。ホンダのホームコースで、ホンダ3台が表彰台を独占した格好だ。

実力者のビアッジと人気者のロッシ、そして地元出身ライダーの玉田がツインリンクもてぎの表彰式に居並ぶ絵柄は、グランドスタンドから彼らの姿を愛《め》でる日本のレースファンたちにとっても大いに満足のいく眺めだったことだろう。

2003年第13戦パシフィックＧＰ、〈幻〉に終わった３位表彰台。しかし、玉田はこの１年後に、圧倒的な速さと強さを発揮して表彰台中央の最も高い場所に立つ。

しかし、この表彰式の後に、レースディレクションは玉田に対して失格処分の裁定をくだした。理由は、最終ラップで発生したできごとにあった。

玉田は3位争いの際に、バックストレートで横に並んだセテ・ジベルナウとブレーキ勝負でラインの取り合いのような格好になり、その過程で2台が接触した。バトルを制して3番手でチェッカーフラッグを受けた玉田に対して、アウト側のラインを取っていたジベルナウはこの接触の影響で停まりきれず、バックストレートエンドの90度コーナーでオーバーランしてグラベルへコースアウトした。転倒は回避してコースへ戻ってくることができたものの、トップグループからはすでに大きく離れており、ゴールしたときの順位は5番手だった。この接触を、レースディレクションは玉田の危険行為、と判断したのだ。

玉田とチームは、当然ながら即座に抗議を提出した。レースディレクションがライダーやチームなどへの聴取を経て、当初の裁定どおりの最終結果とする、という決定が下ったのは、たしか午後8時を大きく過ぎた時間だった。

玉田が正式に失格処分となった結果、レースリザルトが訂正され、4番手でゴールしていたニッキー・ヘイデンが3位に繰り上がることになった。玉田と同じくこの年がMotoGPのルーキーイヤーだったヘイデンは、記録上ではこのもてぎが初表彰台になっている。ただし、彼がじっさいに観客の面前で表彰台に登壇した初めてのレースは、その2週間後の第15戦オーストラリアGPだ。いずれにせよ、このときのもてぎはホンダにとって悲喜こもごもというほかないレースだった。

この2003年、玉田はランキング11位でMotoGPデビューイヤーを終えた。翌2004年は、ブリヂストンと玉田にとって、さらに波瀾万丈のシーズンになる。

ロッシと優勝争い中にタイヤが……

参戦2年目の玉田は、タバコブランドのキャメルがチームのメインスポンサーとなり、キャメルホンダというブランディングで臨むことになった。このシーズンは、一般的な記憶としては、バレンティーノ・ロッシがホンダからヤマハへ移籍した最初のレース、開幕戦の南アフリカで劇的な優勝を飾った年、という印象が強いだろう。ロッシはその後もジベルナウやビアッジと激しい優勝争いを続け、メーカーが代わってもチャンピオンを獲得してシーズン4連覇を達成した。

玉田も、そのロッシを相手にバトルを演じたひとりだ。

6月6日に決勝レースが行われた第4戦イタリアGPがそのレースだ。トスカーナ渓谷の山間部にあるムジェロサーキットは、満場の観客席が大勢のロッシファンで毎年黄色一色に染めあげられる。そのロッシファンたちを、玉田はどよめかせた。

このレースで先頭集団を構成したのは、ロッシとビアッジ、ジベルナウ、そして玉田の4台だ。しかし、その4台のなかで勝利を争っていたのは、ロッシと玉田のふたりだった。

玉田が6周目に先頭に立った。即座にロッシが次のコーナーで前を奪い返す。ふたりは何度もトップを入れ替えて、限りなく激しいバトルを続けた。しかし、14周目のホームストレートで、一気に玉田のスピードが落ちた。数瞬後、メディアセンターのモニターには、1コーナーのイン側コースサイドにバイクを停止させた玉田がうなだれて悔しそうにタンクを叩く姿が映っていた。

その1分半ほど前。玉田やロッシたちトップグループの20秒ほど後方で、周回数でいえば13周目のホームストレートに戻ってきた中野真矢が突然、バイクから振り飛ばされて転倒した。原因は、リアタイヤのバーストだ。タイヤがいきなり破裂するような壊れかたで、時速300㎞のバイクから投げ出されてコースサイドのコンクリート壁に激突する寸前の大転倒だった。軽い打撲と擦過傷程度で済んだのは、幸運というほかない。

中野が駆るカワサキは、玉田と同じブリヂストンタイヤを装着している。玉田がリタイアした理由は、中野のタイヤに発生したことと同じ原因だった。タイヤから来る不審な挙動を感じてコースサイドにバイクを停めた玉田の場合は、中野のようなバーストこそ起こさなかったものの、その寸前の状況にあった、ということだ。

ブリヂストンにとって、ふたりの日本人ライダーに発生したこのアクシデントは、自社製品の信頼性を根底から脅かしかねない大事件である。しかも、次のレースは2週連続開催となるカタルーニャGPがスペイン・バルセロナで行われる。

モーターサイクルレーシングマネージャーの山田宏は、急遽《きゅうきょ》、日本側と連携を取り、性能面ではやや劣るものの、確実に安全性を保証できるタイヤをカタルーニャGPに向けて手配した。バルセロナに到着すると、ブリヂストンタイヤを使用する各チームと入念なミーティングを持ち、同じような事態は二度と発生しないことを懇々と説いて回った。

カタルーニャGPのパドックで、走行が始まる前日の木曜にブリヂストンは記者会見を設定した。その場で、「ムジェロのアクシデントを受けてタイヤを安全方向に振ることで、開発にどれくらいの遅れが生じるのか?」という質問が出た。山田は苦しそうな表情で「おそらく、2~3ヶ月分はセットバックを強いられることになると思う……」と述べた。

週末の決勝レースで、玉田はリタイア。中野は完走し、ブリヂストン勢ではこのレース最上位の7位でゴールした。

亡き親友と病気の母に贈った初勝利

2週間後、第6戦オランダGPの開催地、TTサーキットアッセンは玉田が「爆破したいくらい嫌い」と冗談めかして語るほどの苦手コースだ。結果は案の定、12位。

その翌週の第7戦は大西洋を渡り赤道を越え、南半球のブラジルで開催されるリオGP。前年のレースでは、初表彰台の3位を獲得した、玉田にもブリヂストンにも相性のよいコースだ。

このレースで、玉田は圧倒的なパフォーマンスを見せた。

決勝のスターティンググリッドは3列目7番手だった。レースが始まると少しずつ前との差を詰め、中盤にはトップグループに追いついた。ラスト4周で、ついに前に出た。

その後は、一気に後続を引き離した。

そして、現地時間午前11時30分に全24周のレースがスタートしてから44分21秒976後、玉田は誰よりも先にチェッカーフラッグを受けた。

この勝利は玉田のMotoGP初優勝であると同時に、2002年に最高峰クラスへの挑戦を開始したブリヂストンにとっても、記念すべき1勝目になった。なにより、イタリアのムジェロサーキットで自社の信頼性を揺るがしかねない悪夢のようなアクシデントが発生してから、わずか1ヶ月後である。至福の瞬間、といっていい。

この優勝は、山田にとって、貴重な価値ある1勝になった。さらにいえば、この決勝レースが行われた7月4日は、玉田の親友であり目標でもあった加藤大治郎の誕生日だった。

M・ビアッジ（写真上・左）を後方に従えて先頭を快走する玉田（同右）。リオＧＰは2004年以降開催されておらず、現状で最後の優勝者は玉田（写真下）。

「トップに立ってからそのことを考えましたね。けっして頼っていたわけじゃないけど、大ちゃんに背中を押してもらったような気もする。このうえない誕生プレゼントになりました。最高です！」

この日の夕刻、さらにもう少し話を聞こうと思ってチームのオフィスを訪ねた。すると、玉田はすでにスーツケースを準備して帰り支度を整えていた。祝勝会やパーティをせず、いまから空港へ向かい、そのまま日本へ帰るのだ、という。

じつはこのとき、玉田の母サカエさんは癌《がん》

で病床に伏せていた。地球の裏側で表彰台の頂点に立つ息子の姿を、母はテレビの画面越しに観戦していたという。その数日後に、サカエさんは世界一速いロードレーサーとなった息子に看取《みと》られながら息をひきとった。

玉田誠は、友と母に、自らの力で最高の贈り物を届けた――。

日本人のMotoGPクラス最後の勝利

約1ヶ月の夏休みを経て後半戦になると、第11戦ポルトガルGPで玉田は自身初のポールポジションを獲得した。決勝は2位で終えた。優勝は、4連覇への地歩を着々と固めつつあるロッシ。玉田は「今日のロッシは本当に速かった」と素直に認める一方で、

「2位は、やっぱり悔しい。笑っていても、顔が引きつってるのがわかるんですよ」

とも述べた。トップを争える、という自信ゆえの苦笑だろう。

その心中に期すものを、玉田は2週間後の第12戦日本GPで爆発させた。

土曜午後の予選では、ツインリンクもてぎの観衆を前にポールポジションを獲得した。予選では、選手たちはセッション終盤に渾身《こんしん》のタイムアタックを行う。続々と自己ベストタイムを出して規定時間終了のチェッカーフラッグが振られたとき、コース上でアタッ

2004年第12戦日本ＧＰ。玉田（中央）はポールトゥウィンで圧巻の優勝を飾った。２位がＶ・ロッシ（左）、３位はカワサキ移籍初年度の中野真矢（右）。

クを続けているのは玉田のみだった。区間を通過するたびに、モニターには最速タイム更新を知らせる赤いヘルメットのマークが点灯する。

赤、赤、赤、赤。

４区間すべてで既存タイムを塗り替えながらゴールラインを通過してゆく姿は、スポットライトを浴びて花道をゆく歌舞伎役者のようだった。

日曜の決勝は、独走劇になった。スタート直後はロッシが前に出たが、背後にピタリとつけて序盤のうちに追い抜くと、そこから先は一気に引き離しにかかった。最後は６秒差を開く、文字どおり圧巻の勝利である。ちなみに、このときの玉田を最後に、日本人選手は誰もMotoGPクラスで優勝を達成していない。

ロッシを脅かすであろう選手のひとり、と目されるようになった玉田だが、翌年の2005年にはふたつの大きな変化があった。ひとつは、チームのメインスポンサーに日本の光学機器メーカー、コニカミノルタを迎えたこと。そしてもうひとつは、タイヤブランドがブリヂストンからミシュランへ変更になったことだった。

このシーズンは、前年のようにさまざまな条件がピタリと嚙みあうことがなく、厳しい戦いを強いられた。表彰台から遠く離れるレースが続いたが、それでも秋の日本GPではなんとか3位を獲得した。この年の表彰台はこの1回のみ。

2006年はさらに苦戦を強いられ、07年はダンロップタイヤを使用するヤマハサテライトチームへ移籍した。結果からいえば、まさに〈禍福はあざなえる縄のごとし〉という諺どおりのシーズンを過ごすことになった。

世界トップで通用する人材を育てたい

その後、08年からの2シーズンをSBKで過ごした玉田は、やがて活動の舞台をアジアに移した。後進の育成を兼ねて、選手としてアジアロードレースに参戦。それらの活動も縁を繋ぎ、現在はアジア各国の選手やスタッフで構成するチームの監督を務めている。

ここ数年の鈴鹿8耐では、玉田の率いるアジア多国籍混成チームは、ほぼ毎年トップテンフィニッシュを果たしている。

「自分をコントロールするんじゃなくて他人をマネージメントするわけだから、これはホントに難しいです。『自分の場合はこうだった』なんていっても通用しないし、人も違えばそもそも国籍も文化も異なるわけだから、なおさらですよ」

少々呆れたように苦笑するが、しかしその笑みはどことなく愉しそうにも見える。

2019年はアジアロードレース選手権や全日本ロードレース、鈴鹿8耐などに参戦し、チームを指揮する多忙な一年を送った。だが、2020年は新型コロナウイルス感染症の世界的蔓延により、玉田の率いる多国籍チームは活動停止を余儀なくされた。現在は、パンデミック終息後の活動再開に向けて、準備を続けている最中だという。

「アジアから、世界のトップで通用する人材を育成したい。ライダーなら、SBKやMotoGPでチャンピオンを獲れる選手。メカニックの場合なら、たとえばHRCに入っても恥ずかしくないくらいの、しっかりした仕事のできる人材。そういう人たちを育てたい。そして、やがて自分の国に戻ったときにはそのノウハウを各国でシェアできるようになっ

監督としてチームを率いながら、アジア諸国の混成軍団としてライダーやメカニックたちの人材育成を目指す。鈴鹿８耐でも着実に安定した成績を収めている。

てほしい。それがいまの目標です」

ただ、その目指すべき場所がまだ遥か遠くにあることは、玉田自身、充分すぎるくらいに理解している。

「正直、とんでもなく長い時間がかかると思います。５年やそこらじゃあ、できるわけがない。たとえば、タイでは子供たちにレースを教えるアカデミーが近年になって始まったばかりです。彼らが成長するまでに、少なくとも10年。競争力を高めることを考えると、おそらくもっともっと時間のかかる、ものすごく息の長い作業です。めちゃくちゃ大変なことはわかってます。でも、これは絶対に成し遂げたい、とても大切な目標なんですよ」

人は、教えることによって自らもまた学ぶ

という。かつてＭｏｔｏＧＰで優勝や表彰台を獲得した若者は、さまざまな苦楽を味わう年月を経た後に、アジアを起点として世界を視野に入れることのできる指導者へ成長を遂げた、ということなのだろう。

アジア諸国出身のライダーたちが欧州の選手たちと当たり前にチャンピオンを争うようになる頃、玉田誠ははたして何歳になっているのだろう。

第12章　中野真矢

Nakano Shinya

1977年10月10日、千葉県生まれ。98年に全日本ロードレース選手権250ccクラスで9戦中8勝を挙げてチャンピオンを獲得。99年からロードレース世界選手権250ccクラスにフル参戦を開始し、ランキング4位。翌2000年は最終戦までチャンピオンを争うが、僅差で年間ランキング2位となる。01年より最高峰クラスにステップアップ、ルーキー・オブ・ザ・イヤーを獲得する。MotoGPを08年まで戦った後、09年にSBKへ転向し、この年かぎりで現役を引退。現在はモーターサイクルファッションブランドの56designを運営。次代を担う選手の育成にも力を入れている。

ヤマハの中野真矢vsホンダの加藤大治郎

中野真矢は、世界グランプリで250ccクラスフル参戦デビューを飾ったシーズンの開幕戦、マレーシアGPでいきなり3位表彰台を獲得した。次戦の日本GPでは優勝。雨のツインリンクもてぎで表彰台の頂点に立ち、「自分にも、グランプリで戦っていけるだけの実力があるのかもしれないな……」という手応えを感じたのだという。1999年のことだ。当時の中野は、21歳。世界グランプリに挑戦するために休学した武蔵工業大学（現東京都市大学）工学部のキャンパスでは、桜が咲いている季節だった。

5月上旬の第3戦スペインGPでは、ポールポジションを獲得。次のフランスGPで2位。その後もイギリスGPで3位、南アフリカGPで2位に入り、年間ランキングを4位としてルーキー・オブ・ザ・イヤーを獲得した。

翌2000年は、全日本ロードレース時代から鎬を削りあってきた加藤大治郎が、中野に1年遅れてグランプリへやってきた。当時、中野と加藤は強烈なライバル関係にあった。全日本時代は加藤がホンダファクトリーチームで、対する中野はヤマハファクトリーチーム。ふたりのライバル関係はメーカー同士の威信を賭けた戦い、という側面も大きかった。

最後まで緊迫した戦いが続いた2000年の第15戦パシフィックＧＰ。このレースでは加藤（左）と中野（右）の「異次元の戦い」がコース上で繰り広げられた。

「大治郎さんはポケバイに乗っていた子ども時代からすでに大スターで、１歳年下のぼくはその背中をずっと追いかけている状態でした。全日本でヤマハのファクトリーチームに入ったときに、ようやく少しだけ追いつくことができた、という気がしました。彼はホンダで自分はヤマハですから、チームの人からは『目を合わせるなよ。話をするんじゃないぞ』といわれるくらい、いつもすごい緊張感でピリピリしていた。そんな時代でしたね」

加藤は97年に全日本２５０ccクラスのチャンピオンを獲得し、翌98年には中野がその座を奪って王座についた。この強烈なライバル関係がそのままグランプリの世界へシフトし、しかもそれがトップレベルで繰り広げられたのが、2000年というシーズンだった。

加藤が所属したのは、イタリア人監督ファウスト・グレシーニの率いるグレシーニ・レーシング。中野はフランスの伊達男、エルベ・ポンシャラルが束ねるTech3チーム。ともに、ホンダとヤマハの準ファクトリーといっていい名門チームである。

加藤がデビューシーズン序盤から優勝争いに食いこんできたことは驚異的だが、グランプリ2年目でチャンピオンを争う中野の直接のライバルになったのは、チームメイトのフランス人選手オリビエ・ジャックだった。

シーズン終盤の2戦、第15戦パシフィックGPと最終戦の第16戦オーストラリアGPで、戦いは最大の山場を迎えた。

ピットの指示に「ふざけんじゃねえ」

ツインリンクもてぎで行われたパシフィックGPは、中野と加藤の一騎打ちになった。ポールポジションは加藤、中野は3番グリッド。ともにフロントローからのスタートだった。1周目から加藤がリードし、僅差で中野が追う。3番手以降は大きく離れ、レースは序盤から加藤と中野だけの戦いになっていた。加藤と中野は、一貫して0・3〜0・5

秒の差。文字どおり目と鼻の先、という程度のわずかな距離だ。

中野は眼前の加藤を追っている。その中野がチャンピオンを直接争うジャックは、遥か後方にいた。中野はいまの順位のまま2番手でレースを終えても、次の最終戦でタイトルの雌雄を決することができる。そう考えたチームは、周回数が残りわずかになったときに、〈OK〉というサインボードをメインストレートのピットウォールに提示した。そのまま無理をせず、2番手の順位を最後までキープせよ、という意味だ。

「ふざけんじゃねえ」

メインストレートに戻ってきたときにそのサインを見た中野は、ヘルメットの中で怒りに火がついたという。

「2位になるためにレースをやってるわけじゃないんだ」

手を伸ばせば届くほどの眼前にいる加藤を追って、さらにスロットルを開けた。最終ラップは、通常ならタイヤが摩耗しきっているために高水準のタイムを維持できない場合が多い。そんな状態でも、このときの中野は最終ラップにレース中の最速ラップを記録した。にもかかわらず、ほんのわずかの距離は最後まで詰まらなかった。加藤が優勝、中野は0・707秒差の2位でチェッカーフラッグを受けた。

クールダウンラップを終えてピットボックスへ戻ってきた中野は、珍しく荒れた。勝てなかった悔しさで涙ぐみ、ガレージの隅にあった備品を蹴り飛ばした。

後年になって、このときのことを笑いながら振り返る。

「あのレースだけを見たひとは、『なんでそんなに荒れるの？』と思うかもしれませんね。トップ争いでは僅差の距離が詰まらないことなんて、いくらでもあるわけだから。でも、じつはそこに至るまでのとても長い伏線、ストーリーがあるんですよ。

大治郎さんはポケバイ時代もミニバイクでも、いつもぼくの前を走っていました。全日本時代も、もてぎのレースでは勝てなかった。

『どうしてこんなに勝てないんだろう……』

自分に足りない部分はもちろんあるだろうし、バイクの開発面にも課題があるのかもしれない。日々それればっかりを考えていて、その積み重ねであの日のレースを迎えたんです。

それでも負けたものだから、自分のなかに積もり積もった悔しさがあんな形で爆発したんですね。よく憶えていますよ、あのときのことは。絶対にやっちゃいけないことだけど、ピットの中にあったゴミ箱だったかパイロンだったかを蹴ッ飛ばしましたからね。

で、この話には続きがあって、ぼくの様子を覗きに来たドクター・コスタ（ＭｏｔｏＧ

Pに帯同している医療グループ、クリニカモビレの医師団長）が、『よしよし』って抱きかかえてなだめてくれたんです（笑）」

このレース結果により、中野はチャンピオンシップポイントをリードするオリビエ・ジャックの2点差まで追い上げた。

0・014秒差のタイトル決着

2000年250ccクラスのタイトル争いは、シーズン最終戦を残して中野とジャックのチームメイト対決、という形になった。

最終戦の舞台はオーストラリア・フィリップアイランドサーキット。全会場のなかでも屈指のハイスピードコースで、とくに高低差の激しい後半セクションから高速最終コーナーまでの区間では、過去にも数々の名勝負が繰り広げられてきた。このコースで、中野とジャックのどちらか先にチェッカーフラッグを受けたほうがチャンピオンになる。

すでに記したとおり、日本人選手の中野と、フランス人選手のジャックが所属するTech3レーシングは、フランス人監督のエルベ・ポンシャラルが率いるフランスを母体とするチームだ。チームスタッフもフランス人揃いである。チャンピオンがかかった争いでは、チーム内部に多少の自国贔屓《びいき》の雰囲気が発生したとしても不思議ではないだろう。だが、ポンシャラルはふたりをまったく平等に扱った。チームスタッフに対しても、レースに向けた準備などで絶対に差をつけないことを徹底させた。

速く走ったほうが、勝つ。

中野とジャックはチームからのそんな期待に、自分たちの走りで応えた。

土曜の予選を終えて、ポールポジションは中野、ジャックは2番グリッドについた。レースが始まると、ふたりは完全に互角のバトルを続けた。最終ラップの最終コーナーには、中野がわずかに先行して入っていった。中野―ジャックの順でコーナーを立ち上がり、ゴールまでのわずかな直線でジャックがほぼ横並びになった。

そしてゴールラインを通過。

ジャックが数十cm先行していた。ふたりのタイム差は0・014秒だった。

チャンピオンを獲得したジャックとランキング2位の中野は、翌2001年にＴｅｃｈ3レーシング全体が持ち上がる格好で最高峰の500ccクラスへステップアップした。中野はシーズン半ばの第9戦ドイツＧＰで3位表彰台を獲得、4位に4回入る非凡な走りを見せ、中排気量時代に続き、最高峰クラスでもルーキー・オブ・ザ・イヤーを獲得した。

翌年02年からはマシンの技術規則が大きく変わり、2ストローク500ccから4ストローク990ccのMotoGP時代へと移ってゆく。世界グランプリの歴史では過去最大ともいえるこの大きな仕様変更に際し、初年度の02年は2ストローク勢と4ストローク勢が混走するシーズンになった。

ファクトリー勢はどの陣営も最新のMotoGPマシンで開幕を迎えたが、ヤマハのサテライトチームであるTech3レーシングは、昨年同様の2ストロークマシンYZR500でこの激動のシーズンに臨んだ。中野たちにMotoGPマシンのYZR-M1が与えられたのは、一年もそろそろ終盤に差し掛かった10月の第14戦マレーシアGPだった。

最高峰2年目のこのシーズンを、中野はランキング11位で終えた。

カワサキの熱意に応えて移籍

全日本時代に、21歳でヤマハファクトリーライダーとして中排気量クラスのチャンピオンを獲得。翌年にグランプリの世界へ飛びこむと、初戦から3位を獲得していきなり250ccクラスの表彰台常連となり、2年目のシーズンには熾烈なタイトル争いを繰り広げた。500cc最後の年に最高峰へステップアップし、ルーキー・オブ・ザ・イヤーを獲得。

——と、ここまでの中野真矢の経歴を眺めてみると、ヤマハ生え抜きの選手として、その後も順風満帆のライダー人生を送ってゆくのだろう、と想像させるに充分な好成績を収めていることがわかる。

しかし、技術規則が大きく転換したＭｏｔｏＧＰ元年の２００２年はランキング11位。翌03年も年間総合10位、と苦戦が続いた。04年シーズンに向け、ヤマハは中野に対して引き続きオファーを出していたが、けっして高い評価ではなかったという。そこにアプローチしてきたのが、カワサキだった。

カワサキは、最高峰クラスの技術規則が４ストロークへ大きく舵《かじ》を切ったことを契機に、02年終盤から参戦を開始した。事実上のフル参戦デビューといっていい03年は、14位や15位に入れば上等、という成績が続いた。所属選手たちの年間ランキングは、22位と23位。

むしろヤマハで伸び悩んでいた中野の成績のほうが、まだ遥か上位にいた。だが、新たに挑戦を開始した陣営が自分を頼ってくれたことに、中野としても大いに感ずるものがあったのだろう。

最終戦バレンシアＧＰが終わったパドックでカワサキのトラックを訪ねると、そこにいた日本人エンジニアがピットの中へ案内してくれたという。

「隠すものも何もない、ウチはこれがすべてだよ」

そこまで赤裸々に自分たちの姿を見せて、虚心坦懐《きょしんたんかい》に頼ってくれている。その赤心を見て、中野はカワサキへ移籍する決意を固めた。とはいえ、少年時代から長年育ってきたヤマハを去るのは非常に辛い決断だった、とも振り返る。

「カワサキで挑戦したい気持ちも本心でした。でも、ずっとお世話になってきたヤマハから移籍するのは、ものすごく後ろ髪を引かれる思いがありました。確かにヤマハの次の年のオファーは好内容ではなかったけれども、そもそも自分がいい成績を残せていれば、いい待遇を提示してもらえたはずなんですよ。だから、結局それは自分の責任なんです。

これは日本人のいいところでもあり悪いところでもあると思うんですが、報酬が高いほうへ移籍する、というドライな考えかたは自分にはないし、いままでに受けたお世話や恩を大切にする文化で育っているから、あのときの移籍決断は本当にハードルが高かったですね」

〈漢《おとこ》カワサキ〉がよく似合う優男

カワサキは、伝統的にライムグリーンをイメージカラーにしている。また、〈漢カワサキ〉ということばにあるように、カワサキユーザーやファンは硬派な豪快さをよしとする気風がある。端正な顔立ちで〈王子〉というニックネームもあった中野とは、やや雰囲気を異にする感がないではなかった。だが、じっさいにライムグリーンのレザースーツに身を包み、無骨な外観のマシンに跨がると、意外なくらいよく似合った。そしてまた、中野は誰よりも肚《はら》の据わった走りを見せた。

カワサキのライダーとして初めて参戦した04年の開幕戦南アフリカGPでは、ある決意をもって予選に臨んだ。

「当時のカワサキは、15位以内でポイントを獲れるかどうかも怪しい状況でした。だから、カワサキに入った最初のレース、南アの予選で、セッション序盤に柔らかいタイヤを履いてタイムアタックに出たんです。皆がまだあまり攻めていない段階だから、ぼくがアタックしたら、ポン、とトップタイムになった。

で、ピットに戻ってきたら、皆の雰囲気がガラリと変わっていた。口にこそ出さないけど、明らかに『オレたちもやればできるんだ』という空気になっているんです。ぼくにすれば、してやったりですよね。その雰囲気がほしかったんだから。結局、そのタイムはあとで他のライダーたちにどんどん更新されちゃったんですけどね」

翌日の決勝レースは、トップから44秒差の12位で終えた。第2戦スペインGPは周回遅れの9位。第3戦フランスGPはマシントラブルによりリタイア。そして第4戦のイタリアGPを迎えた。

玉田誠の章でも記したとおり、このレースでは最終コーナーを立ち上がってメインストレートでバイクが時速300㎞に到達したときに、タイヤがバーストする事故が発生した。いきなりバイクのリアが大きく滑って挙動を乱し、投げ出された中野がものすごい勢いで転がっていった。コースサイドのコンクリート壁寸前で幸いにも停止したが、脳震盪《のうしんとう》を起こしているのか、すぐには起き上がることができず、担架でコース外へ搬送された。軽い打撲と胸部の擦過傷程度の負傷で済んだのは、まさに幸運以外のなにものでもない。

次のレースは、2週連続開催となるカタルーニャGPだ。タイヤメーカーのブリヂストンは、性能を抑えてでも安全性を重視したタイヤを急遽、日本から持ちこんでこのレースに投入した。数日前の中野のショッキングなアクシデントを目の当たりにしているだけに、ブリヂストンを履くチームのなかには、じつは出場を渋る陣営もあった。

「ぼくらはチャレンジャーなんだから、レースに出ないとか辞めるという選択肢なんて最初からあるわけがない。プロなら、やるべきでしょう」

そういって中野はレースウィークに臨んだ。

決勝前にはブリヂストンから、もしもレース中にタイヤから不審な挙動が発生するようなことがあればすぐにリタイアするように、という忠告も受けていた。だが、中野は最後まで走りきり、しかも7位でチェッカーフラッグを受けた。

端正な風貌で優男にも見える外見とは裏腹に、その内面はまさに〈漢カワサキ〉に相応しい豪快な度胸の持ち主であることを、このレースでは痛感させられた。

このカタルーニャGPの後、シーズン中盤戦はいかにも発展途上の新興チームといった内容と成績で、中野もポイント獲得圏内の15位あたりを出たり入ったりするレースが続く。そして、秋の第12戦、ツインリンクもてぎで行われた日本GPを迎える。

このレースで中野は3位に入り、カワサキに初めての表彰台をもたらした。優勝を飾ったのは玉田誠だ。最高峰クラスの表彰台に日本人選手がふたり上がったのは、このとき以降、現在に至るまで一度もない。

中野は、カワサキで2004年から06年までの3シーズンを過ごしている。カワサキが戦闘力を高めてゆく時代に大きく貢献し、先に述べたカタルーニャGPや後述する06年オランダGPのような印象的なレースがあることから、もっと長い期間をこのチームで過ごしていたような印象もある。こうやって改めてカワサキ時代のレースを眺めると、たった3年間だったのか、とやや意外な気がしないでもない。それだけ濃密な時間をライムグリーンカラーとともに過ごした、ということなのだろう。

カワサキで2位表彰台

移籍初年の04年から、05年、そして06年に至るそれぞれのシーズンは、まさしく〈ホップ・ステップ・ジャンプ〉として、一段階ずつチームとともに成長してきた3年間だった。その集大成、と中野が自ら位置づけるのが、06年第8戦オランダGPだ。

このレースウィークでは予選終了間際まで熾烈なポールポジション争いを続け、惜しくもトップグリッドこそ逃したものの、僅差のフロントロー2番グリッドを獲得した。

ちなみに、このオランダGPは欧州でダッチTTと通称されており、1925年から連綿とレースが行われてきた古い歴史を持つ。1949年に世界グランプリがスタートしたときに、カレンダーの一戦として組みこまれたのだが、この由緒と伝統を日本のスポーツで喩えるなら、甲子園球場で行われる高校野球のようなもの、とでもいえば、その格式と現地の人々に愛されているさまが想像できるだろうか。

2006年第８戦アッセン。予選は0.013秒差でポールポジションを逃すが、決勝では単独で表彰台圏内を走り（写真上）、最後は２位表彰台で終えた（写真下）。

会場のTTサーキットアッセンは〈ロードレースの大聖堂〉とも呼称されるコースで、そのレイアウトは、とくに前半区間が公道レース時代の面影を強く遺しているとして、多くのライダーたちから愛されていた。

06年はその前半区間に大改修が施されて、現代的なレイアウトになったシーズンだった。サーキット側の考えかたとしては、時代の趨《すう》勢《せい》に合った安全性とレースのスリルを両立させるための措置だったのだろう。しかし、改修直後は多くの人々が「大聖堂の品格をおとしめる行為」と捉えたようだ。この年のオランダGPでは、多くの選手が批判的なコメントを述べた。このときにほぼ唯一、肯定的な意見を述べたのが中野だった。

「いいレイアウトになったと思います。走っていても愉しいし、ぼくは好きですね」

他の選手たちが批判的な言辞を弄するなか、いかにも中野らしくバランスを配慮して気配りの利いたことばだ、とこのときは感じた。しかしいま思えば、周囲の雰囲気や感情に流されない、むしろ冷静で視野の広い立場からの意見だった、と評するべきかもしれない。

その新レイアウトでの最初のレースになった決勝で、中野は終始、単独で3番手を走行し続けた。最後は、前の選手が転倒したために2番手に繰り上がってゴール。優勝選手は、この年の最終戦でチャンピオンを獲ることになるホンダのニッキー・ヘイデン。3位には、大型ルーキーとして将来を嘱望される、ダニ・ペドロサ。表彰式でホンダファクトリーの選手2名に挟まれながら、

「表彰台圏内でずっと戦って、最後に2位を獲れた。優勝ではないとはいえ、カワサキに何かを残すことはできた」

と感じていたという。

大治郎のチームへ移籍

翌07年は、3シーズンを過ごしたカワサキを去ってホンダ陣営のコニカミノルタ・ホンダへ移籍した。結果的には、思いどおりの成績を残せず、「何もかもがうまくいかなくて、カワサキで築いてきた自信がすべてなくなってしまう」一年になった。

だが、さらにもう一年、ホンダ陣営のチームで戦うチャンスを与えられた。チームの名称は、サンカルロ・ホンダ・グレシーニ。そう、最大のライバル、加藤大治郎が在籍していたあのグレシーニ・レーシングだ。

「チームのワークショップに行くと大治郎さんの写真がそこらじゅうにいっぱい貼ってあって、いまも皆に愛されていることがとてもよくわかりました。監督のグレシーニさん以下、スタッフの方々は、かつてのライバルだったぼくにとてもよくしてくださって、非常にいい緊張感でシーズンを戦うことができました」

前年の不調からも、少しずつ調子が戻ってきた。そして、夏休み明けに第12戦チェコGPを迎えた。このレースが、中野にとって大きな転機になった。

「ウィークの最初から調子が良くて、自分でもこれ以上ないくらいに走れていました。決勝も100%の力を出しきった。なのに、結果は4位。ホンダの常勝マシンに乗って、この実力チームに所属して、しかも全力を出しきったのに、表彰台を獲れずに4位だった。『これはもう、MotoGPでは責任を取るしかないな……』、そう思いました」

結局、この年を最後に中野はMotoGPを去り、翌09年はSBKへ戦いの舞台を移す。しかし、シーズン中の負傷が原因で思いどおりの力を発揮できず、不完全燃焼のレースが続いた。そして、一年を戦い終えたとき、現役からの引退を発表した。

現在の中野真矢は、モーターサイクルアパレルブランド『56design』を経営するとともに、若い選手を発掘・育成する56RACINGで地方選手権などに参戦。そこで育ってきたライダーたちを、さらに上のクラスへ押し上げ、送り出す活動を行っている。

「このチームでMotoGPに参戦することが究極の夢」ともいうが、そこはやはりまだ夢の段階であるようだ。

「自分の若かった頃を振り返ると、指導者に恵まれ、いろんな方々に支えられてきたからこそ、プロフェッショナルライダーになることができた。そう思って周囲を見回してみると、ダイヤの原石なのに本人はどうやればいいのかわからない、という子たちがじつはゴロゴロいるんです。そんな彼ら彼女らに道を示して、次のステップへ送り出してあげるのがいまの自分の役割なのかな、と思います」

56ＲＡＣＩＮＧの卒業生には、スポット参戦ながらすでにＭｏｔｏＧＰのＭｏｔｏ２クラスを経験した選手がいる。また、欧州のＦＩＭ ＣＥＶ レプソル国際選手権や、全日本ロードレースにトップチームからエントリーする選手もいる。

「やる以上は人ひとりの人生がかかっているので、こちらも真剣ですよ。表彰台に上がろうものなら、うれしくて泣いちゃってますもんね。自分の現役時代には、表彰台で泣いたことなんて一度もなかったくせに」

そういって笑う表情は、２００６年のアッセンで2位表彰台を獲得してトロフィーを頭上高く掲げたときの笑顔と重なり合うようにも見えた。

おわりに

　ここで取り上げた12名はいずれも、21世紀のＭｏｔｏＧＰで各年にチャンピオンを獲得してきた選手、あるいは毎年のチャンピオンシップで彼らとタイトルを争うなどして鮮烈な印象を残してきた選手ばかりだ。しかし彼ら以外にも、強い記憶を残すライダーたちは、もちろんたくさんいる。

　中小排気量クラスで職人技のような走りを披露してきた名選手や、あるいはその折々に活躍した日本人選手たち、そしてまさにいまこれから大きく才能の花を開かせようとしているヤングライダーまで視野に収めれば、言及しておきたい選手は五指に余る。

　ただ、本書の原型になった「スポルティーバ」の連載を開始する際に、〈ＭｏｔｏＧＰクラス〉〈チャンピオンもしくはそれに準ずる選手〉という枠組みを設けたために、この人選になったことはご理解をいただきたい。また、今回の書籍化に際しては、連載時に取り上げた11名のライダーの記述を大幅に加筆修正し、さらに２０２０年にチャンピオンを獲得したジョアン・ミルを新章として書き下ろして追加した。

それにしても、こうやって約20年のあいだ、欧州をはじめとする世界各地を転戦取材してきたわけだが、自分の取材技術の拙さや浅薄な観察眼に対する自覚は、年々、強くなっていくような気がする。普段から行動をともにすることの多いイギリス、スペイン、イタリア、オランダ、フランス、ハンガリー、イスラエル等々、各国の優れたジャーナリストたちの卓越した仕事ぶりを見るにつけ、優秀な仲間たちに恵まれた僥倖《ぎょうこう》に感謝する反面、未熟で稚拙な己の能力には、ただますます恥じいるばかりである。

ここまでの取材活動の期間を通じて、ずっと自分のなかに抱えながらも結論が出ないいま、いまもその時々に思考の表面へ浮上してくる「スポーツにとってナショナリティ・ナショナリズムとは何であるのか」という漠然とした問い、あるいは「二輪ロードレースと競技者の生命」などの大きなテーマにも、いずれなんらかの形で言語（具象）化して決着をつけたいと思ってはいるものの、自分の非力な膂力《りょりょく》ではそのように重いものを持ち上げることがはたして可能なのかどうか。

ともあれ、いままでの年月を振り返ると、2002年にはEU共通通貨ユーロの流通が始まり、加盟諸国の国境が経済的にも地理的にも開かれていく一方で、アメリカ合衆国で2001年に発生した同時多発テロ事件以降、空港などでのセキュリティチェックはどの国でも厳しさを増して、サブマシンガンを抱えた警備兵が空港内を歩く姿が見慣れた風景になる——という、相矛盾した事象が並行して社会に浸透し、共存していく時代だった。

さらに、日本ではリーマンショックと一般に呼称される、アメリカ合衆国発の不況が2000年代後半に世界を覆い、2011年には東日本大震災が発生、2019年末からは新型コロナウイルス感染症が地球全体に蔓延する事態になった。

これら社会のできごとを後景にしながら、MotoGPもまた社会と不可分の存在としてその時々の世の中に影響を与え、あるいは与えられてきた。たとえば、2003年に米国がまさにイラクへ侵攻を開始しようかという時期に、バレンティーノ・ロッシは"PACE"（平和、のイタリア語）と大きくデザインの入ったヘルメットを着用し、平和の尊さを訴えた。また、各国社会で、階層・人種・思想の分断が深刻化してBLM運動などに注目が集まった2020年には、フランコ・モルビデッリがスパイク・リーの映画『ドゥ・ザ・ライト・シング』に触発されたヘルメットデザインで差別撤廃をアピールし、そのヘルメットを被ったレースで初優勝を飾るというドラマチックなできごともあった。

ことほど左様に、スポーツは世を映す鏡として作用し、また、世はスポーツからのフィードバックを受けて反応しながらその姿を変えてゆく。


ＭｏｔｏＧＰに関する単著はこれで３冊目になる。これを書きまとめた自分自身では、あくまで二輪ロードレースという世界でもっともカッコ良くクールで血の沸き立つ競技そのものに集中して焦点を当ててきたつもりだが、スポーツそのものの昂奮とともに、人間世界のありようや変遷に関わるなにがしかが、もしもページのどこかに記録されているのだとすれば、本書を世に出す意義と価値は少しなりともあったといえるかもしれない。


本書ができあがるまでの過程では、じつにたくさんの方々のお世話になった。深く御礼を申し上げる。

まずは、ＭｏｔｏＧＰのパドックやその内外で取材に応じてくださった各チームや企業の関係者各位。そしてもちろん、競技の主役であるライダー各氏。

印象深い写真を数多く提供してくださった竹内秀信氏。

最初に連載企画を提案いただいた集英社「スポルティーバ」編集部・寺澤俊介氏。同編集部で毎回の入稿を担当してくれた竹下毅、一ノ瀬伸の両氏。そして、書籍化に際して最後まで伴走してくれた旧友、集英社新書編集部の東田健氏。

皆が、いまよりもさらにもう少し、幸せになりますように。

西村　章

追記

本書を校正作業中の2月23日夕刻、新型コロナウイルス感染症に罹患し闘病していたファウスト・グレシーニ氏の訃報が届いた。自身も元125cc王者であり、加藤大治郎やマルコ・シモンチェッリを王座に導いた名将の冥福を祈るとともに、世界がこのやりきれないパンデミック禍から少しでも早く抜け出せる日が来ることを、ただ切に願う。

本書は、「ｗｅｂ Ｓｐｏｒｔｉｖａ」（集英社）で２０２０年５月から10月にかけて連載された「ＭｏｔｏＧＰ最速ライダーの軌跡」を元に、大幅に加筆・修正したものである。

西村 章（にしむら あきら）

一九六四年、兵庫県生まれ。大阪大学卒業後、雑誌編集者を経て、一九九〇年代から二輪ロードレースの取材を始め、二〇〇二年、MotoGPへ。主な著書に第一七回小学館ノンフィクション大賞優秀賞・第二二回ミズノスポーツライター賞優秀賞受賞作『最後の王者 MotoGPライダー・青山博一の軌跡』（小学館）、『再起せよ スズキMotoGPの一七五二日』（三栄）などがある。

MotoGP 最速《さいそく》ライダーの肖像《しょうぞう》

集英社新書一〇六四H

二〇二一年四月二二日 第一刷発行

著者……西村《にしむら》 章《あきら》

発行者……樋口尚也

発行所……株式会社集英社

東京都千代田区一ツ橋二-五-一〇 郵便番号一〇一-八〇五〇

電話 〇三-三二三〇-六三九一（編集部）
〇三-三二三〇-六〇八〇（読者係）
〇三-三二三〇-六三九三（販売部）書店専用

装幀……原 研哉

印刷所……大日本印刷株式会社 凸版印刷株式会社

製本所……株式会社ブックアート

定価はカバーに表示してあります。

ISBN 978-4-08-721164-1 C0275

Printed in Japan

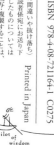

a pilot of wisdom

集英社新書　好評既刊

女性差別はどう作られてきたか
中村敏子　1052-B

なぜ、女性を不当に差別する社会は生まれたのか。西洋と日本で異なる背景を「家父長制」から読み解く。

退屈とポスト・トゥルース　SNSに搾取されないための哲学
マーク・キングウェル／上岡伸雄・訳　1053-C

哲学者であり名エッセイストである著者が、ネットとSNSに対する鋭い洞察を小気味よい筆致で綴る。

アフリカ　人類の未来を握る大陸
別府正一郎　1054-A

二〇五〇年に人口が二五億人に迫ると言われるアフリカ大陸の現状と未来を現役NHK特派員がレポート。

〈全条項分析〉日米地位協定の真実
松竹伸幸　1055-A

敗戦後日本政府は主権国家扱いされるため、如何に考え、米国と交渉を行ったか。全条項と関連文書を概観。

赤ちゃんと体内時計　胎児期から始まる生活習慣病
三池輝久　1056-I

生後一歳半から二歳で完成する体内時計。それが健康にもたらす影響や、睡眠治療の検証などを提示する。

原子力の精神史――〈核〉と日本の現在地
山本昭宏　1057-B

広島への原爆投下から現在までを歴史的・思想史的にたどり、日本社会と核の関係を明らかにする。

「利他」とは何か
伊藤亜紗 編　1058-C
中島岳志／若松英輔／國分功一郎／磯﨑憲一郎

自己責任論を打開するヒント、利他主義。だが、そこに潜む厄介な罠も。この難問に豪華執筆陣が挑む。

ネオウイルス学
河岡義裕 編　1059-G

あらゆるものに存在するウイルスを研究する新領域の学問の諸研究と可能性を専門家二〇名が解説する。

はじめての動物倫理学
田上孝一　1060-C

いま求められる人間と動物の新たな関係を肉食やペットなどの問題を切り口に、応用倫理学から問う。

日本再生のための「プランB」　医療経済学による所得倍増計画
兪 炳匡　1061-A

一%の富裕層ではなく、残りの九九%を豊かにするための画期的な方法を提示。日本の新たな姿を構想する。